잘될 쌤의
초등돌봄 실무
완전 정복

신규전담사부터 경력자까지
꼭 알아야 할 실무 핵심!

잘될 쌤의
초등돌봄 실무
완전 정복

잘될 쌤 지음

목차

대단원 1 　　　　　　　　　초등돌봄교실

초등돌봄교실　　　　　　　　　　010
초등돌봄교실 기본 이해　　　　　013
교실 관리　　　　　　　　　　　015

대단원 2 　　　　초등돌봄전담사의 시작
　　　　　　　　　: 학교 안에서의 첫걸음

초등돌봄전담사로 첫 출근!
무엇부터 해야 할까?　　　　　　019
학교 내 협업 관계 이해하기　　　022
업무 분장, 어떻게 하는 게 좋을까?　025
신규 전담사라면 이건 꼭 챙기기　028

대단원 3 　　　　　초등돌봄 실무의 모든 것

초등돌봄 운영 계획 수립 및 방법　032
초등돌봄 월별 업무　　　　　　　035
초등돌봄 급간식 선정 및 안내, 징수, 품의　042
초등돌봄 단체 프로그램
계획 및 선정, 강사 관리　　　　　057
초등돌봄 대체인력 업무의 모든 것
: 대체인력 학교 단위 인력풀 구성　066
초등돌봄 나이스 시스템 활용　　　073
기본정보관리　　　　　　　　　　074

교실관리	076
인력관리	078
돌봄학기설정관리	080
제출서류종류설정	082
강사대장관리	085
강사별강의시간관리	087
알림메시지관리	089
돌봄교실관리	091
프로그램관리	093
시간표관리	095
정부24연계관리	098
돌봄교실신청	100
제출서류관리	103
SMS전송관리	105
알림서비스전송내역	107
학생배정관리	109
급간식메뉴관리	112
출결관리	115
일지관리	118
보존식관리	121
활동확인서관리	124
강사료관리	127
급간식비징수관리	130
급간식비정산관리	134
급간식비현황	137
통계관리	139

통계조회	140
나이스 Q&A (많이 받은 질문 공유)	141
초등돌봄 활동, 창의적이고 배움이 있는 활동	143

대단원 4   초등돌봄 공문 처리의 모든 것 : 자료 제출 및 문서 처리

돌봄 관련 공문 종류와 수신처 이해	146
공문 확인 및 업무 캘린더 작성법	147
공문에 따른 자료 제출 시 유의 사항	148
반복되는 자료 제출 및 공문 정리 팁	149
학교 내부 결재(내부기안) 문서 작성법	151
교육비 지원 대상자 급간식비 업무 처리	155
결재 문서 수정 및 사라진 문서 찾기	157

대단원 5   초등돌봄선생님 복무 (나이스)

복무 구분 한눈에 보기	160

대단원 6   특별한 요구를 가진 학생들을 위한 돌봄

돌봄교실에서 특별한 요구를 가진 친구들을 위한 접근법과 지원	172
돌봄교실에서의 통합돌봄을 위한 기반 마련	176

대단원 7 — 초등돌봄전담사의 전문성과 역할

초등돌봄 선생님의 역할과 자격 요건   179
학부모와의 효과적인 소통 방법   180
필수 연수와 추천 연수   181

대단원 8 — 참고 자료 – 부록 자주 사용하는 업무 샘플

내부기안 샘플   184
품의서 양식 모음   187
보고서 및 결과서 양식   189
공문 회신 기안   190
설문지 및 학부모 안내장   191

맺음말   돌봄교실의 내일을 함께 성장   194
추천사   …   196

※ 이 책에 포함된 내부기안 및 공문 예시는 실무 흐름 이해를 돕기 위한 예시로, 형식이나 띄어쓰기 등은 공문서 작성 기준과 다를 수 있다. 공문서 작성 관련 사항은 각 시·도 교육청의 공문서 작성 안내 자료집을 참고하시면 도움이 될 수 있다.

대단원 1

초등돌봄교실

초등돌봄교실

초등돌봄교실의 필요성과 목적

초등돌봄교실은 학교 내 돌봄교실을 마련하여, 현대 사회의 가족 구성원의 변화 및 구조적 변화에 적극 대응하고, 돌봄이 필요한 학생들의 안전하고 건강한 성장을 지원하는 데 중점을 둔다. 2023년부터 교육부는 '늘봄학교' 체제를 통해 초등돌봄교실을 포함한 다양한 방과후 활동을 통합하려는 정책 전환을 시도하고 있다. 이 과정에서 기존 '초등돌봄교실' 명칭 대신 '늘봄교실', '전일돌봄' 등의 용어가 혼용되며, 현장에서는 혼란이 나타나기도 한다. 그래서 이 책에서는 현장의 이해를 돕고자 '초등돌봄교실'이라는 명칭을 중심으로 내용을 구성하였다.

1) 가정과 학교생활의 균형 있는 지원
현대 사회에서 맞벌이 가정이 증가하면서, 정규 수업 후 학생들을 돌볼 수 있는 가정의 능력이 감소하고 있다. 돌봄교실은 부모가 직장 생활이나 사회생활을 하는 동안 학생들이 안전하고 쾌적한 환경에서 다양한 활동을 할 수 있도록 부모가 일과 가정생활을 효과적으로 균형을 이룰 수 있는 것에 도움을 준다.

2) 학습 및 사회성 발달에 도움
돌봄교실은 단순히 보호의 기능을 넘어 교육적 및 사회적 기술 발달을 촉진시킬 수 있다. 학생들에게 방과후 다양한 창의적 활동을 통해, 새로운 학습 활동에 참여할 기회가 제공되며, 친구들과 협력하며 공감 및 소통 능력을 키울 수 있다.

3) 정서적 안정 제공

학생들의 정서적 안정을 도모할 장소 중의 하나로 학교 내 돌봄교실은 심리적으로 안정적인 환경을 제공할 수 있고, 전문적인 돌봄전담사들이 학생들의 생활지도 및 감정을 적절히 관리하고 지원할 수 있다.

4) 다양한 요구에 대한 대응

특별한 도움이 필요한 가정(예: 다문화가정, 한부모가정 등)에 맞춤형 돌봄을 제공하여 학생들이 자신의 잠재력을 최대한 발휘할 수 있도록 돕는다.

5) 안전하고 쾌적한 환경 제공

학교 내에서 운영되는 돌봄교실은 학생들에게 신체적 및 정서적으로 안전하고 쾌적한 환경을 제공한다. 학교 시설 내에서 학생들이 이동하기 때문에 외부 위험에 대한 노출을 최소화할 수 있고, 전문적인 감독하에 다양한 활동을 할 수 있다.

방과후 프로그램과 돌봄교실의 차이

방과후 프로그램과 초등돌봄교실 모두 초등학생을 대상으로 정규 수업 이후에 운영하지만 제공하는 내용 및 목적, 운영 방식에서 중요한 차이가 있다.

▶ 무엇이 다를까?
- **방과후 프로그램(선택형 교육)**: 주로 학습 지원, 특기 개발, 예술이나 스포츠 등 특정 활동에 초점을 맞추며, 학생의 교육적 성장과 특성화된 능력 개발에 중점을 둔다.

- **초등돌봄교실(선택형 돌봄)**: 전반적인 학생들의 돌봄을 목적으로 하며, 보호자가 지정한 하교 시간까지 학생의 안전과 기본적인 생활지도가 이루어진다.

▶ 운영 시간은 어떻게 다를까?
- **방과후 프로그램**: 대체로 특정 수업이나 활동 후 40~50분 등, 지정된 수업 시간 동안 진행된다.
- **초등(오후)돌봄교실**: 초등(오후)돌봄교실은 정규 수업 이후부터 저녁(7~8시)까지 아이들이 안전하게 머무를 수 있도록 운영하며, 지역별로 운영 시간은 다를 수 있다.

▶ 대상 및 서비스 범위 어디까지?
- **방과후 프로그램(선택형 교육)**: 방과후 프로그램(선택형 교육)은 학생들이 자발적으로 참여하며, 정원 초과 시 추첨 등을 통해 선발한다. 대부분 유료이나, 농어촌 학교는 무료인 경우도 있다.
- **초등돌봄교실(선택형 돌봄)**: 한부모, 맞벌이 가정의 자녀 등 돌봄이 필요한 학생을 대상으로 대부분 무료로 운영한다(정원에 따라 저학년 우선 입반될 수 있다).

▶ 지도 인력은 누구일까?
- **방과후프로그램**: 특정 분야의 전문성을 가진 강사가 지도한다.
- **초등돌봄교실**: 유·초·중등교원 자격증 및 보육교사 2급 이상의 돌봄전담사가 관리 및 지도한다(교육공무직).

2 초등돌봄교실 기본 이해

돌봄교실의 정의와 역사

❶ 초등돌봄교실의 정의

초등돌봄교실은 학생들이 정규 수업 이후 안전하고 다양한 활동을 할 수 있도록 마련된 학교 내 공간이다. 일과 가정이 서로 조화로울 수 있도록 돕고, 학교가 교육 이외의 기능을 수행하는 중요한 역할을 한다.

❷ 초등돌봄교실의 역사

초등돌봄교실의 역사는 교육체계와 사회적 요구 변화에 따라 발전해 왔다. 초기에는 짧은 운영 시간과 단순 돌봄만 제공되었지만, 점차 많은 교육 기관에서 필수적인 서비스로 자리 잡게 되었다. 또한 현대 사회는 가정 구성원의 역할이 변화됨에 따라, 부모의 근로 시간이 길어지는 등, 자녀를 안심하고 돌볼 수 있는 안전하고 적절한 환경의 필요성이 더욱 커졌다.

돌봄교실의 정책적 배경

국가와 지방자치단체는 초등돌봄교실의 필요성을 인식하고 이를 지원하기 위한 정책을 지속적으로 개발하고 있다. 이러한 정책들은 저출산 문제의 해결책이자, 교육과 돌봄의 기회를 고르게 제공하여 학부모들의 사회적·경제적 활동을 지원하려는 목적에서 구체화되고 있다. 최근 교육부는 '늘봄학교'라는 이름으로 전일돌봄체계를 추진하고 있으며, 이 안에서 '선택적 교육'과 '선택적 돌봄'이라는 용어를 사용하고 있다. 이 중 '선택적 교육'은 방과후학교를, '선택적 돌봄'은 기존의 초등돌봄교실을 의미한다. 현장에서는 '초등돌봄교실'과 '선택적 돌봄' 등의 명칭이 아직 혼용되어 운영되고 있다.

그 밖의 다양한 돌봄교실

❶ 사회 및 지역돌봄교실
사회적 취약 계층을 대상으로 하는 돌봄 센터로, 다양한 사회 복지 서비스와 함께 아동 및 가족 지원 프로그램을 제공하며, 지역사회의 자원과 협력하여 운영되는 중요한 사회 서비스 장소이다.
- 다함께돌봄센터: 소득 제한 없이 맞벌이 가정이면 신청 가능.
- 지역아동센터: 사회적 취약계층을 위한 돌봄 시설.

❷ 종교 단체 또는 비영리 단체
종교 단체나 비영리 단체에서도 돌봄 서비스를 제공하는 경우가 있다. 자원봉사자들이 주로 활동하며, 지역사회의 사회적 취약 계층을 지원하기도 한다.

교실 관리

초등돌봄교실 구성과 환경

❶ 공간 구성

다기능 공간을 구성하여, 학습, 놀이, 창의적 및 다양한 활동을 지원할 수 있는 구역이 필요하다. 각 활동에 맞는 구역을 구분하여 설계한다(예: 바닥 난방시설, 온돌 및 매트 설치, 싱크대, 정수기 설치도 교실 가까이 있으면 도움이 된다).

❷ 안전을 고려한 시설이나 비품

학생들의 활동에서 안전을 유지할 수 있도록 적절한 시설과 비품을 갖추어야 한다(예: 둥근 모서리 책장 및 책상, 날카롭지 않은 교구장 등).

❸ 학습 및 놀이 교구 구성

학습 및 놀이에 필요한 책상, 의자, 책장 등을 준비하고, 놀이에 필요한 다양한 창의적인 교구와 블록 등을 준비한다.

❹ 조명과 환기 및 소음 관리

적절한 조도의 조명과 쾌적한 환기 시설을 설치하고, 소음을 관리하여 안정적인 교실 환경을 조성한다.

❺ 다양한 활동 프로그램 구축

창의적이고 다양한 프로그램을 마련하여 학생들이 배우고 성장할 수 있도록 한다.

안전 관리

❶ 화재 대응

화재 발생 시를 대비하여 소화기와 화재 경보 시스템(각 실별 비상벨)을 설치하고 정기적으로 점검한다.

❷ 뾰족한 모서리 및 가구 안전 조치

교구장, 책장, 책상 등 실내 가구의 날카로운 모서리나 돌출된 부분에는 모서리 보호대(코너 가드) 등을 부착하여 안전사고를 예방한다. 아이들의 활동 반경 내에 위치한 가구들은 넘어짐, 충돌 등의 위험을 줄일 수 있도록 배치하고, 고정이 필요한 가구는 벽면에 고정하여 쓰러짐 방지를 고려한다.

❸ 구조적 안전

건물과 시설이 안전하게 유지되도록 정기적인 정비와 점검을 수행한다.

❹ 응급 상황 대응

응급 상황에 대응하는 교육을 이수하여 학생들의 안전을 관리하는 데 필요한 모든 규정을 이해하고 준수할 수 있도록 한다.

❺ 학생 안전 관리

학생들을 지속해서 감독하여 안전하지 않은 행동이나 환경을 식별하고 예방한다.

❻ 사고 예방

놀이 장비와 활동 공간에서 발생할 수 있는 잠재적인 사고를 방지하기 위해 안전 점검을 시행한다.

❼ 학생 건강관리

학생들의 건강 상태를 모니터링하고, 의료 긴급 상황 발생 시 신속하고 적절하게 대응할 수 있는 계획을 마련하여, 전염병 예방 및 위생을 세심하게 관리한다.

❽ 부모와의 안전 소통

학부모에게 안전 규칙을 명확히 안내하고 최신 안전 정보와 응급 상황 대응 방침을 공유한다.

❾ 학생 인계·하교 관리

학생이 조기 귀가하거나 보호자가 교실 밖에서 인계하는 경우에도 안전 관리에 유의해야 한다. 학생을 직접 확인 후 보호자에게 인계하고, 귀가 기록지 등 학교에서 사용 중인 양식이나 통화 기록 등으로 간단한 근거를 남겨 두는 것이 바람직하다. 학기 초에 수합한 귀가 동의서 내용을 토대로 절차를 지키되, 교실 내 다른 학생들이 남아 있는 경우에는 교실을 비우지 않도록 하고, 부득이한 경우에는 전화, 인터폰, 협조 인력 등을 활용해 학생이 안전 귀가를 할 수 있도록 하는 것이 이상적이다.

대단원 2

초등돌봄전담사의 시작
: 학교 안에서의 첫걸음

초등돌봄전담사로 첫 출근! 무엇부터 해야 할까?

처음 근무하게 된 학교, 처음 맡는 돌봄교실.

매뉴얼도, 알려 주는 사람도 마땅치 않은 상황 속에서 '내가 지금 잘하고 있는 걸까?'

하는 막막함은 대부분의 신규 전담사들이 겪는 공통된 고민이다.

이 단원에서는 학교에 빠르게 적응하고,

안정적인 돌봄교실 운영을 준비할 수 있도록 필수적인 내용을 배워 본다.

**초등돌봄전담사로 첫 출근!
무엇부터 해야 할까?**

출근 첫날 해야 할 일(인사 및 출근 체크)

신규 발령 혹은 전출 시, 앞으로 근무할 학교의 교무실에 연락하여 사전 방문할 날짜와 시간을 조율하도록 한다. 여의치 않다면 유선으로라도 간단한 인사를 드리는 것이 좋다.

나이스 인증서(권한 부여받기)

학교에 출근한 후, 나이스 인증서 발급 신청서를 작성하여 행정실에 제출한다. 인사관리 담당자에게 본인의 인사 정보가 나이스 인사관리 메뉴에 정상 등록되었는지 확인해 달라고 요청한다. 인사관리 등록이 완료된 경우에도, 나이스 돌봄교실 업무 권한이 부여되었는지 확인한다.

※ 신규자는 최초 등록 시 돌봄교실 관련 권한이 누락되는 경우가 있으므로 재전송이 필요하다. 이후 본인이 나이스에 로그인하여 '돌봄업무' 등 돌봄 관련 메뉴가 보이는지 직접 확인한다.

→ 만약 메뉴가 보이지 않는다면,
- 행정실 또는 나이스 담당자에게 '업무관리 권한' 중 돌봄운영 관련 권한이

누락되지 않았는지 확인해 달라고 요청한다.
- 권한이 누락된 경우, 인사관리 메뉴에서 돌봄운영 관련 권한을 추가 부여하도록 요청한다.
- 권한 부여 후 다시 인사관리 재전송을 요청하고, 재로그인하여 돌봄 메뉴를 확인한다.

학교 구조 파악(학교 조직도/부서 이해 등)

학교 조직도 이해가 학교생활의 반이라고 할 수 있다.

▶ 학교 조직도 살펴보기

교장(총괄) → 교감(운영 전반) → 행정 또는 늘봄실장(민원 및 돌봄교실관련 전반)

※ 늘봄실장은 학교별 상주 여부가 다를 수 있다.

▶ 행정실은 주로 예산 및 지출 관련 실무를 담당한다. 급식·간식비 지출, 강사비 지급, 물품 구입 등 돌봄교실 운영에 필요한 예산을 집행하는 부서이다. 돌봄전담사의 복무는 학교에 따라 교무실 또는 행정실에서 담당할 수 있다. 초등돌봄전담사의 연가, 병가, 조퇴 등 근무 상황 입력과 관리가 교무실 소속 부서를 통해 이루어지는 경우도 있고, 일부 학교에서는 행정실이 복무 관련 실무를 병행하기도 한다. 따라서 해당 학교의 복무 체계를 확인하여 복무 담당자와 협의하에 처리하는 것이 중요하다.

담당자 파악하기

돌봄교실 운영과 관련된 주요 업무는 교무실(교무부장), 행정실(행정실무사 또는 행정실장) 등 학교 내 여러 부서와 협조해야 할 일이 많다. 따라서 출근 첫날, 교장, 교감 선생님 포함 업무 담당 관리자와 소통 경로를 파악해 두는 것이 가장 중요하다. 학교 조직표를 확인하고, 돌봄 업무를 관할하는 부서(늘봄학교 및 늘봄실장)의 성함과 위치를 메모한다. 행정실 실무 담당자도 함께 파악하여, 품의서·예산 등 행정 업무 협의 시 연락할 수 있는 내선 번호, 메신저 아이디 등을 기록한다. 학교별 분위기와 업무 체계가 다르므로, 교무실이나 행정실을 통해서 정보를 공유받도록 한다.

학교 내 협업 관계 이해하기

초등돌봄전담사의 업무는 단독으로 이루어지지 않는다. 학교 내 여러 부서와의 유기적인 협조가 기반이 되어야 원활한 돌봄교실 운영이 가능하다. 특히 교무실, 행정실, 담임교사, 특수·상담교사 등 다양한 주체들과의 협업은 돌봄전담사의 업무 효율성은 물론, 학생들의 안전과 정서적 안정을 도모하는 데에도 필수적이다.

돌봄교실과 행정실

행정실은 돌봄교실 운영에 필요한 예산을 집행한다(예: 강사비 지급, 급간식비 지급 등). 돌봄전담사는 관련 품의서 작성, 물품 신청 등에서 행정실과 긴밀히 협조해야 하기에, 담당 주무관(또는 행정실무사)과의 원활한 커뮤니케이션이 중요하다. 예를 들어, 외부강사 계약 및 수업 시 필요한 강사비 품의서나, 급간식 운영비 집행을 위한 서류 처리 등은 대부분 행정실을 통해 이루어진다. 다만, 복무 관련 사항이나 나이스 입력 등의 행정도 학교에 따라 행정실에서 협조 관리하는 경우가 있으므로, 담당 주체가 누구인지 사전에 파악하는 것이 좋다.

※ 학교마다 업무 분장이 다를 수 있으므로 근무 학교의 운영 구조를 우선 파악하고 상황에 따라 유연하게 협조 체계를 구축하며 업무를 진행할 수 있어야 한다. 공식적으로 지정된 담당자가 없거나 명확하지 않은 경우에도, 관련 부서와의 긴밀한 소통을 통해 실질적인 협조가 이루어질 수 있도록 노력해야 한다.

돌봄교실과 교무실

교무실은 교육 활동의 전반을 기획·운영하는 부서로, 돌봄교실이 정규 수업 외의 시간에 학생을 돌보기 때문에 연계적인 업무 수행이 잦다. 학사 일정과 학교 전체 운영 흐름을 이해하는 데 교무실 협력이 필수적이다. 예를 들어, 학교 행사로 인해 돌봄교실 운영 시간 조정이 필요한 경우 교무실을 통해 미리 정보를 전달받아야 하며, 돌봄교실 운영 시 알아야 하거나 참고해야 할 회의 내용 또는 운영협의회에 참여하여 돌봄교실 운영과 연계된 사안들을 파악하는 것도 중요하다.

※ 특히 교무실 소속 담당 교사(교무부장 또는 늘봄실장)가 있는 경우, 업무 보고 및 공유를 위한 일상적 커뮤니케이션이 필수적이다.

돌봄교실과 담임/특수/상담교사 연계

돌봄에 참여하는 학생들의 학교생활 전반은 담임교사와의 소통을 통해 이해할 수 있다. 특히 학생의 성향, 감정 상태, 건강 이슈 등은 돌봄 운영에 중요한 기초 자료가 되므로, 담임교사와의 비공식적인 대화와 협조가 필요하다. 또한 정서 불안, 발달 지연 등 특별한 요구가 있는 학생이 있는 경우, 특수교사나 상담교사와의 연계도 필수적이다. 예를 들어 감정 조절에 어려움이 있는 아동은, 주 1회 상담교사의 자문을 통해 교실 내 행동 지도를 조정할 수 있다. 또한 특수학급에 재학 중인 학생이 돌봄교실을 이용하는 경우, 특수교사와의 사전 협의는 반드시 필요하다.

※ 단, 학생에 대한 민감한 정보는 학부모 동의하에 학교 내부 공유 체계를 통해 공식적으로 전달되는 것이 바람직하다. 돌봄전담사는 교내의 사적 정보가 아닌, 공식적 경로로

필요한 정보만을 받아 운영하는 것이 중요할 수 있다.

돌봄업무 길이 보인다

"초등돌봄 실무의 모든 것"
유튜브 검색!

3. 업무 분장, 어떻게 하는 게 좋을까?

업무 분장(공문, 품의, 강사, 급간식 등)

초등돌봄교실은 학교 여건과 운영 방식에 따라 전담 인원이 한 명일 수도, 두 명 이상일 수도 있다. 운영 교실 수가 1개 반인지, 2개 반 이상인지에 따라 업무 방식이 조금씩 달라질 수 있지만, 전체적인 운영 방침이나 절차는 거의 비슷하다. 다만, 전담사 수에 따라 업무의 집중도나 피로도, 그리고 소통 방식은 달라질 수 있다.

▶ 업무 분장 예시 표

구분	주요 업무 내용	2반 이상	1반일 때
공문 처리	교육청 및 학교 발신 문서 확인, 내부기안 작성	1반 전담사	전담사가 전체 업무 처리
품의서 작성	물품, 간식비, 강사비 등 품의 문서 작성 및 제출	2반 전담사	전담사가 전체 작성 및 제출
급간식비 처리	급식비 징수, 품의, 환불, 보존식, 안내장 및 업체 소통	1반 전담사	전담사가 전 과정 담당

강사 프로그램	강사 일정, 강사비, 출결 관리	2반 전담사	전담사가 강사비 및 운영 전반 담당
활동 및 안전 관리	안전 점검, 사고 발생 시 대처 관련 각 교실 비치, 안전 관련 문서 처리	1반 전담사	전담사가 전반 지도 및 안전 관리
나이스	일일 일지, 각반 출결 관리, 학생 입력	1반/2반 전담사 공통	전담사가 일지부터 보관까지 직접 진행
입반 및 퇴반, 대기자 관리	가정통신문, 상담, 문자 알림	1반/2반 전담사 공통	전담사가 전체 소통 진행

※ 실제 운영 학교에서는 인원 배치나 업무량에 따라 조금씩 달라질 수 있으므로, 전담사 간에 매월 초 간단한 역할 협의 메모를 작성해 두면 업무 혼선이 줄어들 수 있다.

돌봄교실이 여러 반일 경우 역할 분담 팁

두 명 이상의 돌봄전담사가 근무하는 경우, 명확한 업무 분장으로 중복을 줄여 효율적인 돌봄교실 운영이 가능하다. 오해나 갈등이 발생할 수 있지만 명확한 업무 분장과 돌봄전담사 간 존중 문화가 조성된다면 서로에게 큰 힘이 될 수 있다. 업무 분장은 학교 또는 돌봄교실 담당 관리자 등의 지도 아래 정하는 경우도 있지만, 대부분은 현장 전담사들 간 협의를 통해 자율적으로 나누는 방식이 일반적이다. 어느 한쪽의 전담사에게 일방적으로 집중되지 않도록 배려가 필요하다.

돌봄교실이 하나인 경우 업무 팁

한 명이 모든 업무를 도맡아야 하므로, 업무 분장보다는 '업무 우선순위' 설정이 중요하다. 복무, 급간식, 강사비, 물품, 공문 등의 기본 업무 외에도 학생 돌봄, 학부모 응대, 서류 작성까지 혼자 처리해야 하므로, 주간·월간 등 단위의 루틴을 정리해 두면 실수를 줄일 수 있다. 무엇보다도 혼자 운영하는 환경에서는 육체적인 피로도뿐 아니라 정서적인 고립감을 느끼기 쉬우므로, 교무실이나 다른 선생님들과의 소통을 의도적으로 챙기는 것이 좋다.

회의 및 운영위 참여 여부

학교 내 회의 및 운영위원회는 늘봄실장 또는 전일제 전담사가 참여하는 경우가 일반적이다. 늘봄운영위원회 등은 학교장의 결정 또는 학교 상황에 따라 참여 여부가 달라질 수 있다. 전일제 전담사 외에도, 돌봄교실 간 소통을 위해 내부 간담회나 자체 회의를 정기적으로 갖는 것이 바람직하다. 회의 시 안건 제출이나 회의록 작성이 필요한 경우, 학교 양식에 따라 준비하며, 회의 결과를 관리자와 공유하고 업무에 반영하는 등 협의를 통해 결정한다.

※ 학교마다 운영 방식에 차이가 있으므로, 근무 시작 시 학교 관리자와 업무 분장 및 회의 체계에 대해 명확히 협의하는 과정이 필요하다.

4. 신규 전담사라면 이건 꼭 챙기기

처음 돌봄전담사로 학교에 배치되면, 모든 것이 낯설고 어디서부터 시작해야 할지 막막할 수 있다. 특히, 학교마다 운영 체계나 분위기가 다르기 때문에 사소해 보이는 정보 하나에도 업무의 효율이 크게 달라질 수 있다. 아래는 신규 전담사에게 꼭 필요한 실질적인 준비 항목이다.

업무 노트 만들기

첫 출근부터 개인 업무 노트를 하나 준비해 두자. 매일 받은 업무 사항, 전달 사항, 회의 내용, 품의·결재 흐름 등을 메모해 두면 나중에 매우 유용하다. 특히 전자 결재 흐름, 품의 종류, 반복되는 문서 양식 등을 정리해 두면, 2~3개월 후에는 누구보다 빠르게 업무를 처리할 수 있다.

> ✓ **잘될 쌤 TIP**
>
> 업무 노트는 탁상용 메모장이 아닌 이동 가능한 노트나 다이어리를 추천한다.
> 필요시 복도, 행정실, 교무실에서 기록할 일이 생길 수 있기 때문이다.

학교(돌봄교실) 연간 업무 일정표 확인

학교마다 돌봄교실 운영 계획표(연간/월간/주간)가 다르게 구성된다. 신규 전담사라면 돌봄교실 연간 일정표, 월간 활동 계획안, 주간 운영안이 존재하는지 먼저 파악해 보자. 해당 문서는 주로 문서대장 또는 돌봄교실 자체 양식으로 운영되는 경우가 많다. 예) 2025년 ○○초 돌봄교실 7월 활동계획, 2025년 ○○초 돌봄교실 운영계획, 2025년 ○○초 돌봄교실 단체프로그램 운영 등

이를 확인하면 학기 중 주요 행사 일정, 방학 중 운영 방식, 강사 수업 일정 등을 미리 예측하고 준비할 수 있다.

전년도(전임자) 자료 참고 방법

인수인계가 없더라도 대부분의 전임자가 남긴 자료가 전자문서(업무포털 → 문서등록대장), 출력물 파일 등으로 보관되어 있다. 반드시 확인해야 할 대표 자료는, 해당 연도 운영 계획이다.

> ✓ **잘될 쌤 TIP**
>
> 전임자의 업무 컴퓨터 내 폴더를 그대로 인계받는 경우, 불필요한 파일은 정리하고 '2025_신규 정리' 폴더로 재정리하면 좋다.

▶ 기타 챙기면 좋은 개인 물품

구분	이유 및 활용 설명
슬리퍼	일부 학교는 교실에서 실내화를 신지 않기 때문에 슬리퍼를 개별 지참해야 함.
개인 USB (인증서)	인증서 보관, 문서 편집, 교사용 컴퓨터 외에 자료 이동 시 필요할 수 있음. 업무포털, 나이스(NICE) 접속용 인증서, 재택 업무 시 사용 가능성을 고려.

개인 컵, 텀블러	필요에 따라 준비한다.

> ✓ **잘될 쌤 TIP**
>
> 학교마다 다르고, 어떤 자료는 '알려 주지 않으면 모르는' 경우가 많다. 따라서 처음 1~2주 동안은 받은 자료를 빠짐없이 정리하고, 문서 흐름, 품의 절차, 연간 일정을 숙지하면서 적응하는 것이 중요하다.

대단원 3

초등돌봄 실무의 모든 것

초등돌봄 운영 계획 수립 및 방법

초등돌봄 운영 계획 수립 및 방법

초등돌봄교실을 안전하고 유익한 시간과 공간으로 운영하기 위해서는, 연간 운영 계획의 체계적인 수립이 무엇보다 중요하다. 이 계획은 학생 안전 관리, 활동 구성, 프로그램 운영, 간식 제공, 인력 활용, 예산 집행 등 돌봄 전반에 걸친 기본 방향을 설정하게 된다.

보통 학기 초가 시작되기 전 12월에는 계획을 수립하고, 2월 중 연간 운영 계획을 운영위원회 심의를 거쳐 확정한다. 심의에서 가결된 문서는 내부기안으로 결재를 받고, 이후 1년간 관련 업무의 기준 문서로 활용된다.

작성 시에는 학교 특성과 학생 구성, 기존 운영 경험, 올해 변화 사항 등을 모두 반영하는 것이 바람직하다.

※ 운영 계획은 '운영 지침'이 아닌 '계획서'의 성격이기 때문에, 교육청에서 제시하는 표준 양식을 참고하되, 학교 자율적으로 내용을 보완해 작성할 수 있다.

▶ 운영 계획서 구성 시 포함하면 좋은 항목 예시

항목	내용
1. 제안 이유	돌봄교실 운영의 필요성과 학교 여건 설명
2. 운영 목표	1년간의 운영 방향과 중점 목표 설정
3. 세부 프로그램	오후 돌봄, 급간식 및 특별활동 계획 등
4. 운영 방식	학년별 또는 반별 운영 구조, 인력 운영 방식
5. 간식 및 급식	수요자 중심, 주기, 예산 등 구체화
6. 안전 관리 대책	응급 상황 대응, 안전 점검 계획 등
7. 운영 일정표	연간 주요 행사 및 운영 일정 제시

▶ 운영 계획 내부기안(예시)

```
수신   내부결재
(경유)
제목   2025 선택형돌봄(구.초등돌봄)운영 계획

1. 관련:
2. 2025 선택형 돌봄(구.초등돌봄)운영계획이 제5회 운영위원회 심의 가결되어, 붙임과
   같이 운영하고자 합니다.

붙임   2025 선택형돌봄(구.초등돌봄)운영계획 1부.  끝.
```

✓ **잘될 쌤 TIP**

내부기안 결재가 끝난 운영 계획 문서는, 연간 운영 전반에 걸친 기준 문서로 활용된다. 문서 번호는 학교 문서 대장과 연계해 부여되며, 관련 통신문이나 품의서 작성 시 참조 문서 번호로 활용 가능하다.

▶ 운영 계획 안건 제안서(예시)

※ 안건 제안서 양식은 학교별로 다를 수 있다.

2025 선택형 돌봄(구·초등돌봄) 운영 계획

안건번호		발의년월일	2025. 2.00.
		발 의 자	0000초등학교장
		담 당 자	돌봄전담사 잘될쌤

1. 제안이유

학생들의 창의력 증진과 안전한 돌봄 환경 조성을 목표로 다양한 프로그램을 운영하여 질 높은 돌봄교실 환경을 제공하고, 학부모의 사교육비 부담을 경감하고자 합니다. 방과 후 시간 동안 학생들이 안전하게 활동할 수 있도록 체계적인 돌봄교실을 운영하며, 학생과 학부모의 편의를 위해 수익자 부담 간식(교육비 지원대상자는 지원)을 제공하고자 합니다. 또한, (틈새돌봄)방과후 연계형 꿈터는 교육청 예산 지침에 따라, 운영 방식을 개방형으로 전환하여 운영하고자 합니다.

2. 근거

관련: 1. 「2025 선택형돌봄(구,초등돌봄) 운영계획」 지역교육협력과-10000(2024.12.32.)
2. 「2025 돌봄교실 운영교 지정결과 알림」 지역교육협력과-4000(2025.13.24.)

3. 주요내용

가. 2025 선택형 돌봄(구,초등돌봄)운영내용 : 붙임자료 1쪽~2쪽 참조
  수정내용: 다함께꿈터(틈새돌봄) 운영방식 (정원형) ----> (개방형)

나. 2025 선택형 돌봄(구,초등돌봄) 단체프로그램 및 대체인력 운용계획 : 3쪽~5쪽 참조

다. 2025 선택형 돌봄(구,초등돌봄 _수익자부담) 간식 및 중식 제공 : 6~7쪽 참조

라. 안전관리 및 예산집행계획 : 8~10쪽 참조

붙임 2025 선택형돌봄 (구,초등돌봄) 운영계획 1부. 끝.

2. 초등돌봄 월별 업무

초등돌봄교실 운영은, 연간 단위로 계획되지만, 실제 실무자는 그 계획을 월 단위로 세분화해 대응해야 한다. 각 시기의 특성과 학교 여건, 학사 일정, 행정 업무 일정을 고려해 체계적으로 준비하고 처리하는 것이 매우 중요하다. 특히 초등돌봄교실은 학기 중과 방학 중 운영 방식이 달라지고, 수요 조사 및 급식·간식 운영, 외부강사 채용, 만족도 조사, 회계 마감 등 다양한 행정 요소가 포함되어 있기 때문에 월별 흐름을 숙지하고 준비하는 것은 전담사에게 필수 업무 능력이라 할 수 있다.

초등돌봄교실 운영 시 자주 반복되는 업무를 중심으로 월별로 어떤 행정과 실무가 이루어지는지 전체적인 흐름을 소개하고, 이를 상·하반기로 나누어 자세히 설명한다. 해당 내용을 참고하여 본인의 학교 일정과 비교·조정하고, 필요한 경우 학교 관리자나 행정실과 충분한 협의를 거쳐 일정을 조율해 나가는 것이 바람직하다.

월별 업무를 숙지하고 있다면 단순히 '처리해야 할 일'이라는 부담감보다는, '예측 가능한 업무 흐름'을 스스로 조율하며 운영의 주도권을 가질 수 있다. 이는 곧 돌봄교실 운영의 안정성과 전문성을 높이는 기초가 된다.

상반기(3월~8월)

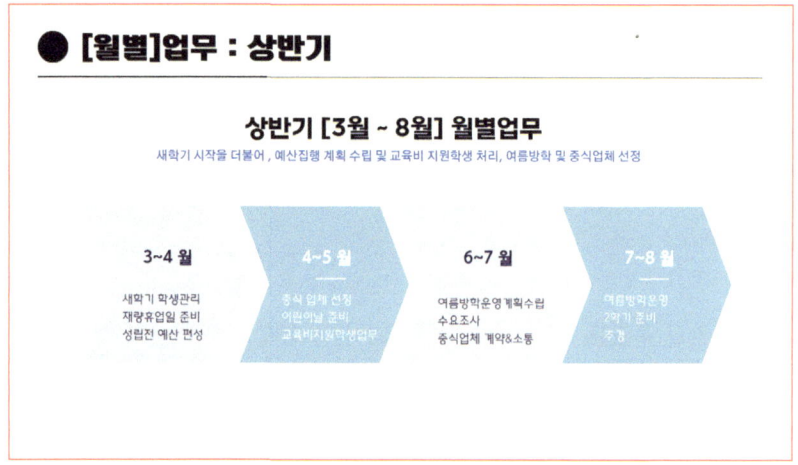

상반기는 새로운 학년이 시작되는 시기로, 아이들의 적응을 도우며 기본적인 운영 틀을 세우는 데 집중해야 한다. 동시에 연중 사업의 중요한 축인 간식·중식 운영과 관련한 준비, 운영 계획 수립, 프로그램 시작, 방학 계획 수립, 여름방학 돌봄 운영 등 방대한 행정 업무가 있는 시기이기도 하다.

3월은 신학기가 시작되는 달로, 가장 바쁜 시기 중 하나다. 특히, 돌봄교실은 학년별·학생별 돌봄 수요를 파악하고, 예비 신입생의 돌봄 이용 여부까지 조율해야 하므로 학생 명단 확인과 하교 시간 조정 등 기초 행정이 선행되어야 한다. 이 시기에는 간식 수요 조사 및 운영 준비, 성립 전 예산 수립 등 회계와 연계된 업무도 함께 처리되어야 한다. 재량휴업일이 있다면 해당 일정의 돌봄 운영 여부를 미리 수요 조사하여 결정하고, 관련된 내부 협의와 품의 절차를 마무리해야 한다.

4~5월에는 중식 업체 선정 및 계약 준비가 본격화되며, 어린이날과 같은 특별 행사 준비로 운영비 집행 계획도 세워야 한다.

5월에는 교육비 지원 학생 선정 결과가 확정되므로, 해당 학생의 간식비 환불 및 품의, 관련 내부기안 업무까지 연결된다. 또한 이 시기에는 상반기 단체 프로그램 만족도 조사를 위한 사전 설계나, 여름방학 운영 계획 수립을 위한 강사 채용 준비 등도 병행될 수 있다.

6~7월은 여름방학 운영 계획을 구체화해야 할 시기다. 중식 업체 계약은 늦어도 이 시점에는 마무리되어야 하며, 여름방학 중 프로그램 운영 시간, 급식·간식 운영 방식에 대해 상세히 계획하고, 품의서를 사서 처리해 두는 것이 업무 부담을 줄이는 데 도움이 된다. 또한 학교에 따라서는 행정실에서 추가 경정예산 작업을 진행하므로 예산 수립·조정과 관련된 실무도 함께 진행해야 한다.

8월은 여름방학 중 운영과 동시에 2학기 운영 준비가 겹치는 시기다. 2학기 간식이나, 단체 프로그램 학기 중 운영 계획 재안내 등, 2학기 운영비 관련 품의 업무 등이 집중되는 만큼, 미리 일정표를 작성해 사전 준비를 해 두면 실무의 흐름을 놓치지 않고 안정적으로 운영할 수 있다.

▶ 상반기 월별 주요 업무 정리(3월~8월)

월	주요 업무	실무 팁
3월	• 신학기 돌봄 시작 • 학생 현황 파악 및 명단 정리 • 간식 수요 조사 및 공급 시작 • 성립 전 예산 편성 및 품의 • 단체 프로그램 운영 시작 • 또는 계약 정비	학급별 하교 시간 확인 필수
4월	• 어린이날 운영비 물품 기안 • 중식 업체 선정 사전 계획	어린이날 물품은 4월 중순 이전 품의 완료 추천
5월	• 교육비 지원 대상자 확정 • 간식비 환급 업무 • 중식 업체 계약 추진 • 만족도 조사 계획 수립	환불 시 기준 일자 명확히 기재하고, 잔여 예산도 추정해 둘 것
6월	• 여름방학 운영 계획 수립 • 중식 업체 최종 계약 확정 • 방학 프로그램 채용 공고	학운위 안건 심의 후 안정적 운영
7월	• 여름방학 시작 • 방학 운영 예산 품의 • 강사 활동 확인서 사전 검토	7월 이전 중식 업체 선정 추천, 학기 중 업무와 병행 주의
8월	• 2학기 운영 준비 • 수요 조사 • 2학기 계획 구상 시작	재계약은 만족도 조사 기반으로 근거 확보해 두면 좋음

하반기(9월~2월)

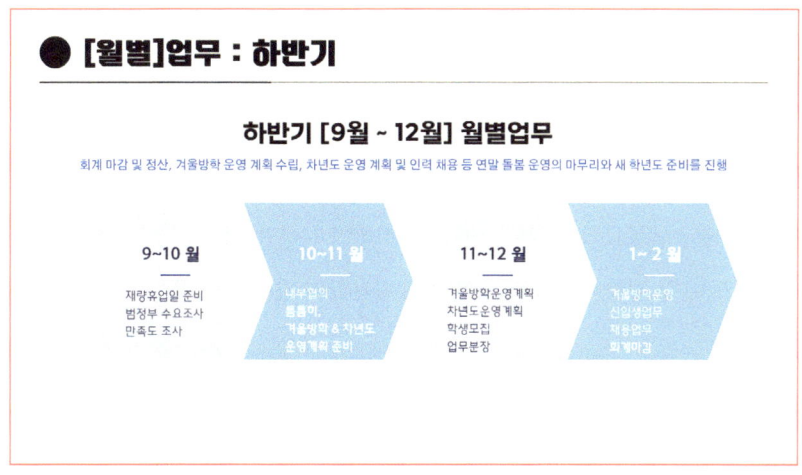

하반기에는 2학기 운영을 안정적으로 이어 가면서, 겨울방학 준비와 차년도 계획까지 연속적으로 수행해야 한다. 타이밍을 놓치면 회계 마감이나 인력 채용이 꼬일 수 있어 미리미리 준비하는 것이 핵심이다.

9월은 2학기 시작과 함께 학생 수요 및 출결 흐름을 다시 점검하고, 급식·간식·단체 프로그램 관련 만족도 조사를 준비하기 좋은 시기다. 차년도 운영 계획도 이 시점부터 틀을 잡아 두면 이후 일정이 수월하다.

10월에는 겨울방학 운영 계획을 수립하고, 필요시 강사 재공고를 준비한다. 이 시기에 차년도 운영 계획 초안을 함께 정리하면 학운위 제출 시기에 여유가 생긴다.

11월은 겨울방학 중 프로그램, 간식, 중식 운영 여부를 결정하고 계약·품의·기안 등 실무 절차를 마무리해야 한다. 강사비와 보존식 등 목적 사업비 지출 및 반환 금액을 대략적 확인해 두면 편리하다.

12월은 차년도 계획 및 회계 마감 준비가 핵심이다. 미집행 예산이 발생하지 않도록 운영 목적에 맞는 품의를 통해 사용하고, 관련 서류는 정리해 두어야 한다. 예산 사용률과 증빙 정리는 다음 연도에도 영향을 줄 수 있는 부분이다. 또한, 연말에는 돌봄교실 만족도 조사를 실시하여 운영에 대한 의견을 수렴하고, 다음 연도 운영 계획 수립의 참고 자료로 활용할 수 있도록 한다.

1월은 겨울방학 운영 기간이다. 출결·간식·프로그램 관리 외에도 환불, 추가 징수 등 신입생 업무를 병행하게 되면, 민원 대응이 많기 때문에 관련 서류와 규정을 미리 준비해 두면 실무 부담을 줄일 수 있다.

2월에는 차년도 운영 계획 학운위, 강사 재계약 여부 결정, 신규 인력 채용 등의 업무를 마무리해야 한다. 동시에 교실 점검, 물품 정비, 인수인계 문서 준비 등도 병행되므로, 2월 말까지 모든 행정 기안을 정리해 두는 것이 가장 이상적이다.

▶ 하반기 월별 주요 업무 정리(9월~2월)

월	주요 업무 내용	실무 팁
9월	• 2학기 돌봄 운영 시작 • 급식·간식·프로그램 만족도 조사 • 차년도 운영 계획 구상 시작	출결 이상 여부, 만족도 조사 항목 미리 정리

월	주요 업무	비고
10월	• 겨울방학 운영 계획 수립 • 강사 재공고 여부 결정 • 차년도 예산·운영 계획 초안	겨울방학 강사 인력 계획도 함께 검토
11월	• 방학 운영 계획 학운위 상정 • 방학 중식 업체 계약 및 품의 • 강사 계약 추진	품의, 계약서, 공고문 일정 미리 잡기
12월	• 연말 회계 마감 준비 • 예산 미집행 내역 정리 • 품의 마감 및 정산 서류 보완 • 돌봄교실 만족도 조사	불용 방지 품의는 사용 목적 명확히
1월	• 겨울방학 실운영 • 출결·간식·프로그램 운영 • 환불·추가 징수 대응	환불 규정 재확인 및 안내문 준비
2월	• 차년도 운영 계획 학운위 제출 • 강사 및 인력 채용 마무리 • 새학기 준비(문서·물품 등)	2월 말까지 기안 계획 정리 완료 필수

초등돌봄 급간식 선정 및 안내, 징수, 품의

급간식 공급업체를 선정하기에 앞서 행정실과 협의하여 계약 방식(입찰, 수의계약)을 결정한다. 이 과정에서 행정실과 자주 소통하는 것이 매우 중요하다.

급간식 업무 흐름

먼저, 학운위 심의를 통해 연간 운영 계획(간식 운영 계획)과 방학 운영 계획(급식 운영 계획)을 수립한다. 그 후 업체 선정 방법을 내부 협의하고, 입찰 또는 수의계약을 통해 공급업체를 결정한다.

업체가 결정되면 급간식 수요 조사를 실시한다. 수요 조사서 작성, 가정통신문 발송, 안내문 배부, 신청 명단을 확인하는 과정을 거친다. 수요 조사 결과를 바탕으로 징수안내장을 작성하고, 내부 결재를 상신한 뒤 안내장을 발송한다. 그 후 내부기안으로 징수 상신을 진행한다.(징수 누락 시 담당자와 협의 필요)

급간식이 진행되면 보존식 관리도 함께 이뤄진다. 보존식 기록 작성, 보존식 보관(완제품 그대로), 보존식 폐기까지의 절차를 따른다.

마지막으로 지출 품의를 위해 학생 명단과 지출에 필요한 서류를 첨부하여 품의서를 상신한다.(필요 서류: 학생 명단, 견적서, 식단표 등)

> ✓ 잘될 쌤 TIP
>
> 수익자 부담 내용이 포함된 운영 계획은 학교운영위원회 심의를 거쳐야 한다. 연간 운영 계획에 간식 관련 계획을 포함하여 심의를 받았다면, 별도로 간식 운영 계획을 심의받을 필요는 없다. 방학이 도래될 때 중식(도시락) 등 납품 업체에 대한 심의 업무를 하고, 우리 학교 돌봄교실 상황에 따라 간식이나 중식 등 수의계약 및 입찰 등으로 진행한다.

통합간식 신청 및 계약 절차

❶ 교육청의 수요 조사 공문 수신 → ❷ 내부 협의 → ❸ 신청 회신 → ❹ 교육청 업체 선정교 공문 → ❺ 업체 계약 요청

통합간식은 지역 교육지원청에서 일괄 입찰을 통해 공급업체를 선정하고, 해당 업체와 각 학교가 개별적으로 계약을 체결할 수 있도록 지원하는 방식이다. 먼저 교육지원청으로부터 통합간식 수요 조사 관련 공문이 발송되며, 학교는 내부 협의를 거쳐 통합간식 신청 여부를 결정한다. 이후 교육청으로부터 공급

업체 선정 결과 및 계약 안내 공문이 오면, 학교에서는 계약 요청을 위한 내부기안을 작성하고, 행정실에서 계약 절차를 진행하게 된다.

관련 에듀파인 예시 및 절차

다음은 계약 요청을 위한 에듀파인 내부기안 예시이다.
※ 실제 계약은 학교 행정실에서 처리하며, 돌봄교실은 내부기안을 통해 계약 요청한다.

❶ 에듀파인 → ❷ 업무관리 → ❸ 업무메뉴 → ❹ 공용서식 → ❺ 내부기안 작성 후 결재 상신

- 협조: 행정실장 → 검토: 교감 → 결재: 교장
- 공람: 관련 업무를 공유해야 하는 실무자

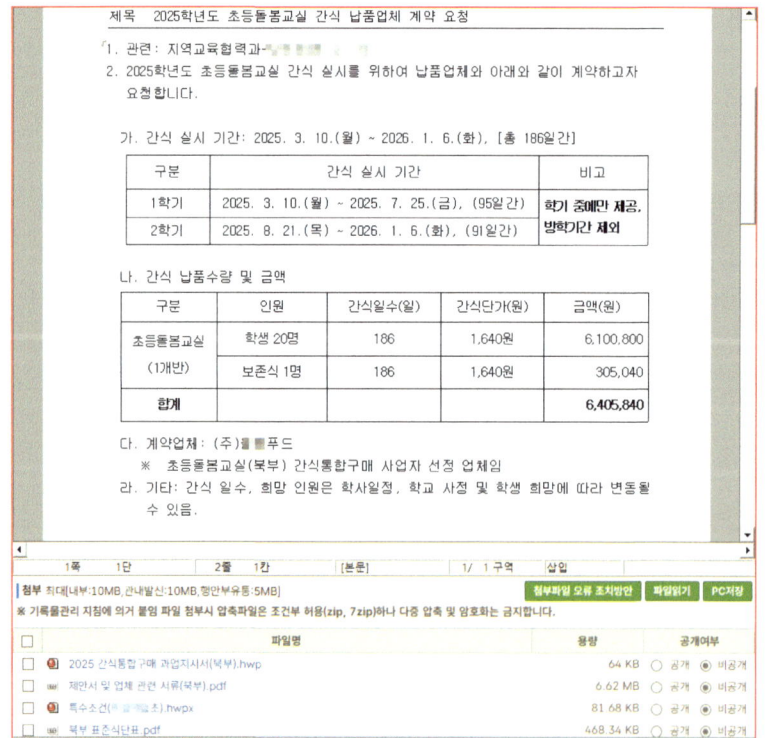

입찰에 따른 간식업체 선정 절차

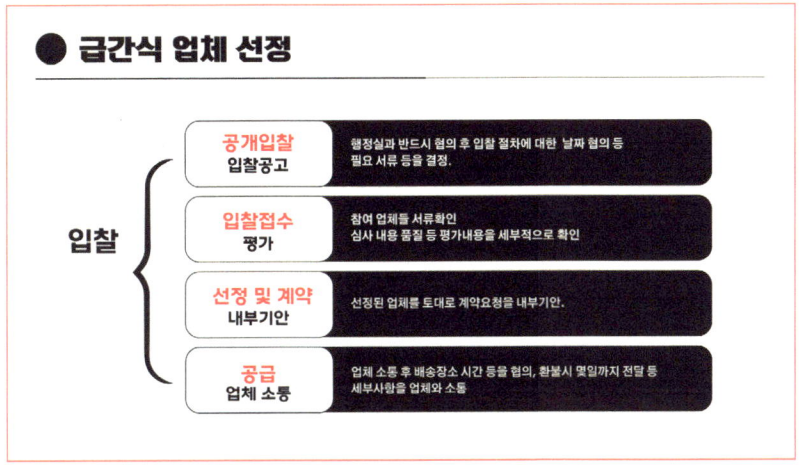

간식업체 선정 방식 중 하나인 공개입찰은, 학교에서 자체적으로 업체를 모집하고, 평가위원회를 구성하여 공정한 절차를 거쳐 계약을 체결하는 방식이다. 입찰을 진행하기 위해서는 먼저 행정실과 협의하여 입찰 공고 일정, 평가회의 일정, 개찰 예정일 등을 사전에 조율해야 한다.

입찰공고는 최소 7일 이상 공지해야 하며, 통상적으로는 10일가량의 준비 기간을 확보하는 것이 좋다. 이 기간 동안 업체들이 제안서 및 관련 서류를 준비할 수 있도록 한다.

입찰에 참여한 업체의 제안서를 접수한 후에는 평가위원회를 통해 제안 내용을 평가하고, 평가 결과를 바탕으로 최종 업체를 선정한다. 이후에는 내부기안을 상신하고, 행정실을 통해 계약을 체결한 뒤 업체와 구체적인 소통 및 납품 일정을 조율한다.

> ✓ **잘될 쌤 TIP**
>
> 입찰 시 식품안전나라 등록 여부, 제안서의 구체성, 납품 이력 등의 서류 검토는 행정실이 함께 협력하여 진행하는 것이 바람직하다. 재공고가 필요한 상황이 생길 수 있으므로 시간 여유를 두고 업무를 계획하는 것이 중요하다.

▶ (참고) 입찰 관련 업무 순서 및 예시 날짜

순서	날짜	내용
1	2.20.(월)	학운위 심의 → 간식 운영 계획 관련
2	2.21.(화)	간식 선정 계획 내부기안 상신
3	2.23.(목)	간식업체 입찰공고(제출 기간: 2.23.~3.8.)
4	3.10.(금)	제출 평가회의(업체 브리핑)
5	3.14.(화)	평가회의 관련 내부기안 완료
6	3.15.(수)	개찰일
7	3.22.(수)	계약
8	3.23.(목)	간식 신청 수요 조사
9	3.27.(월)	가정통신문 발송(학부모 안내장)
10	3.28.(화)	징수 내부기안 상신(담당자와 날짜 협의)
11	28.~31.	납품 개수 및 장소 업체 조정 연락
12	4.3.(월)	간식 실시

수의계약 간식업체 선정 절차

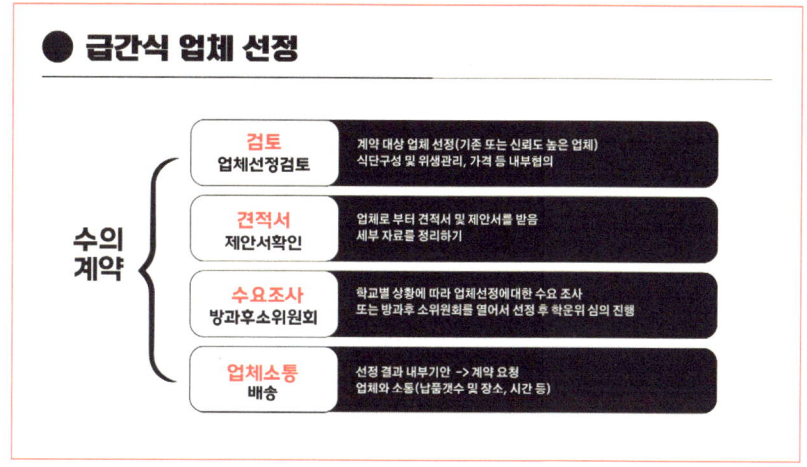

간식업체 선정 방식 중 하나인 수의계약은, 입찰 절차 없이 학교 내부 협의와 소위원회(또는 설문 조사 등)를 통해 업체를 선정하는 방식이다.

선정은 보통 신뢰도 있는 기존 업체나, 식단 구성·위생 관리·가격 등을 고려해 내부적으로 협의한 후 진행된다. 이 과정에서 방과후 소위원회 구성 또는 학부모 설문 조사를 실시하여 의견을 수렴하고, 선정된 업체는 학운위 심의를 거쳐 확정하게 된다.

특히 여름방학 중식업체를 선정할 경우, 겨울방학까지 한 번에 계약을 체결하는 것이 행정적 효율을 높이는 방법으로 추천된다.

어떤 업체와 어느 간식 단가로 계약할지 등 계약과 관련된 내용이 포함된 내부 기안이 결재 완료되면 행정실에서 계약을 처리하게 된다. 선정 이후에는 중식 안내장을 통해 신청을 받고, 학생 수요조사 및 징수, 환불 관리 등을 진행한다.

환불은 학교별 환불 규정에 따라 처리하며, 방학 중 휴가 등으로 인한 일정 변동에 유의해야 한다.

> ✓ 잘될 쌤 TIP
>
> 수의계약 시, 2개 이상 업체를 비교하는 것이 바람직하다. 설문 조사 시에는 이전 납품업체에 대한 만족도 조사 결과를 함께 안내하면 신뢰도를 높일 수 있다. 위생 점검은, 시청 및 지방 행정과의 협조로 위생 점검을 요청하거나, 사전 답사 및 결과 보고서 등 필요시 내부기안과 함께 상신 가능하다.

▶ 간식 업체 선정 후 업무 절차

① 간식 신청 수요 조사 안내장 발송(식단표 첨부)
② 선정 업체 연락(제공 위치 및 제공 개수 소통)
③ 신청 학생 간식비 징수
④ 간식비 지출 품의 상신

이알리미 혹은 가정통신문을 통해 간식 안내장을 발송한다. 안내장에는 다음과 같은 내용이 포함되어야 한다.

간식비 안내장(참고 예시)

초등돌봄교실 25. 5월 간식비 안내

학부모님 안녕하십니까?
초등돌봄교실에 보내주시는 관심과 성원에 감사의 마음을 전하며, 학부모님 가정에 건강과 행복이 가득하시길 바랍니다.

5월 간식비를 아래와 같이 안내드리오니 확인하시고 원활한 간식 운영을 위해 학부모님들의 협조 부탁드립니다.

1. 세부 사항

월	간식 기간	대상자	간식 일수	간식비(1일)	금액
5월	5. 7.(수)~ 5. 30.(금)	간식 신청 학생	18일	1,640원	29,520원

2. 납부 기간 : 2025. 4. 21.(월)~ 4. 25.(금), [5일간]
3. 납부 방법: 스쿨뱅킹 및 카드결제
4. 이체업무문의: 행정실(☎ 031-○○○-○○○○)
5. 환불 규정

구분	환불사유 발생일	환불금액
급간식을 제공할 수 없게 된 경우	급간식을 제공할 수 없게 된 날	이미 납부한 급간식비를 일할계산한 금액
본인의 의사로 돌봄교실 참여를 포기한 경우	간식 및 급식 불참(미실시) 5일전 (주말,공휴일제외) 불참 신청서를 제출한 경우	이미 납부한 간식 및 급간식비를 일할계산한 금액

*업체 발주 사정상 수익자 환불 규정이 바뀔 수 있습니다.

6. 기타
   - 납입기간 내 입금되지 않는 경우와 입금액 부족 시에는 이체되지 않습니다.
   - 교육비지원 대상 학생은 지원 대상 확정 후, 소급하여 환불 처리됩니다.
   - 일찍 귀가할 경우에도 꼭 돌봄교실에서 섭취 후 귀가하도록 가정에서도 지도 부탁드립니다.
   - 학교 내 모든 음식은 식중독 사고 발생 위험으로 인해 외부 반출 금지입니다.
     (사고 발생 시 식품 안전 보상 미적용)

2025. 4. 14.

○○○○ 초 등 학 교 장

간식비 내부기안(참고 예시)

```
제목  2025학년도 초등돌봄교실 5월 간식비 안내

1. 관련: 000초-1234(2025. 0.00.)
2. 2025학년도 초등돌봄교실 5월 간식비를 다음과 같이 안내하고자 합니다.

○ 세부사항
```

간식 실시 기간	간식비(원)	비고
5. 7.(수) ~ 5.30.(금)	1,640원 × 18일 = 29,520원	주말 및 공휴일 제외

```
붙임  1. 5월 간식비 안내장 1부.
      2. 5월 간식비 식단표 1부.  끝.
```

징수 관련 내부기안 작성

수요 조사 결과에 따라 간식 신청 인원이 확정되면, 학생별 신청 여부 및 납부 금액을 포함한 내부기안을 작성한다. 내부기안에는 다음 내용이 포함된다. 신청 학생 명단 및 학년·반 정리, 1인당 간식비 및 총납부 금액. 또한, 신청 인원과 납부 금액을 기준으로 징수 총액을 명확히 표시해야 한다.

```
제목  2025학년도 초등돌봄교실 5월 간식비 징수

1. 관련: ■■■초-4250(2025. 4.11.)
2. 2025학년도 초등돌봄교실 5월 간식비를 다음과 같이 징수하고자 합니다.

가. 돌봄교실별 간식 인원 및 금액
```

교실명	간식비(원)	제공기간	신청인원(명)	징수금액(원)
돌봄교실	1,640원×18일=29,520원	5.7.(수)~ 5.30.(금)	16	465,760
합계				465,760

```
나. 납부기간: 2025.4.21.(월)~ 4.25.(금), [5일간]
다. 납부방법: 스쿨뱅킹, 카드결제
라. 업   체: (주)■■푸드

붙임  25.5월 간식비 징수 명단 1부.  끝.
```

▶ 붙임 파일 학생 징수 명단 예시

	A	B	C	D	E	F	G	H
	\multicolumn{6}{c	}{25.5월 간식비 징수 명단}		
						[■■■초 돌봄교실]		
	순	이름	학년	반	간식일수	징수금액(원)		
	1	1번_■■성	1	1	18	29,520		
	2	2번_■■율	1	1	18	29,520		
	3	3번_■■서	1	1	18	29,520		
	4	4번_■■아	1	1	18	29,520		
	5	5번_■■라	1	1	18	29,520		
	6	6번_■■진	1	1	18	29,520		
	7	7번_■■안	1	1	14	22,960	매주 수요일 제외	
	8	8번_■■서	1	1	18	29,520		
	9	9번_■■영	1	1	18	29,520		
	10	2번_■■현	2	1	18	29,520		
	11	3번_■■영	2	1	18	29,520		
	12	4번_■■진	2	1	18	29,520		
	13	5번_■■윤	2	1	18	29,520		
	14	6번_■■우	2	1	18	29,520		
	15	7번_■■영	2	1	18	29,520		
	16	8번_■■석	2	1	18	29,520		
	\multicolumn{2}{c	}{합계}	\multicolumn{4}{c	}{465,760}		

급간식비 지출 품의 절차

해당 업체에 대한 간식비를 지급하기 위해, 에듀파인을 통한 지출 품의 상신 절차를 진행한다. 다음은 급간식비 지출 품의를 등록하는 기본 순서이다.

에듀파인 지출 품의 절차 순서도

❶ 에듀파인 접속

❷ 학교 회계 → 품의 등록

❸ 오른쪽 입력 창에서 품목 상세 입력 및 예산 선택

❹ 상단 메뉴에서 저장

❺ 결재 요청 클릭

❻ 결재 체계 지정

❼ 결재 상신

이와 같은 순서로 지출 품의서를 등록하면, 해당 예산 항목에서 간식비가 집행되며, 이후 계약에 따른 지급 처리가 이루어진다.

지출 품의 예시

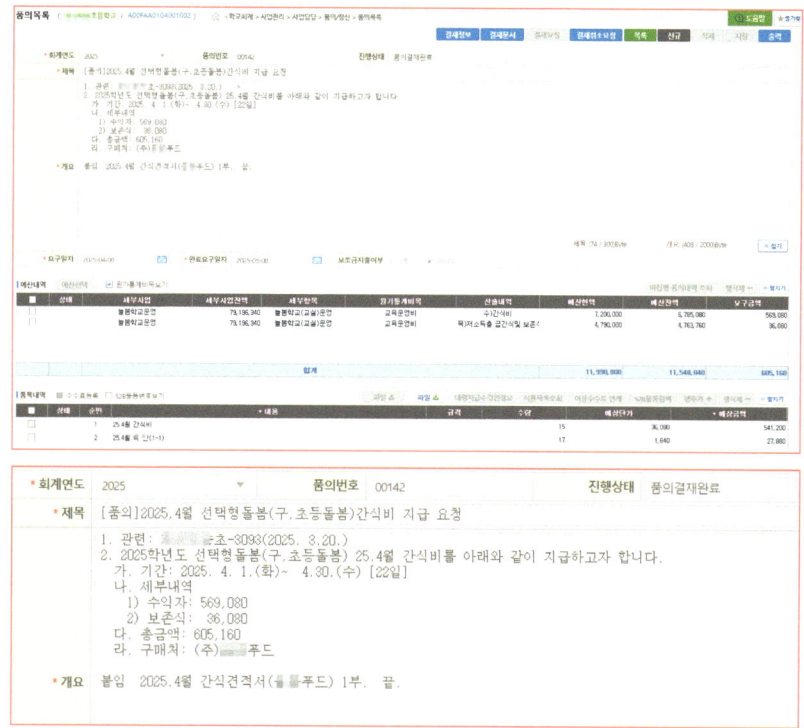

보존식 보관 절차

급간식 운영 시 보존식 관리는, 위생 안전 확보를 위한 필수 절차이다. 학교마다 시설 여건은 다르지만, 식품의약품안전처 기준에 따라 -18℃ 이하 냉동 보관이 권장된다. 간식은 대부분 완제품으로 납품되므로, 개봉하지 않은 상태 그대로 위생적으로 보관하며, 지퍼백이나 밀폐 용기를 활용해 오염을 방지하는 것이 바람직하다. 보존식은 통상 1회 간식 분량을 기준으로 1인분을 보관하며, 냉동고에 144시간(6일~7일) 이상 보관 후 폐기한다. 폐기 시에는 관련 기록을 남기고 폐기 일자와 방법을 명확히 기재한다.

보존식 지출 품의 목록 선택 예시

보존식 기록지 출력 방법(나이스)

보존식 기록지는 나이스 시스템을 통해 출력할 수 있으며, 출력은 다음 나이스 경로를 따른다.

❶ 나이스 접속 → ❷ 돌봄교실 선택 → ❸ 돌봄 운영관리 → ❹ 보존식 관리 → ❺ 출력

> ✓ **잘될 쌤 TIP**
>
> 보존식 출력물은 A4 한 장당 한 날짜만 출력되므로, 여러 일자를 한 화면에 정리하고 싶을 경우 캡처 후 편집 활용이 필요하다. 나이스에서 보존식이 등록되어 있는 경우에만 출력 가능하며, 간식일지나 납품 일자 입력이 누락된 경우 출력이 불가할 수 있다.

교육비 지원 학생 급간식비 지원 업무

교육비 지원 대상자는 보통 5월경에 최종 선정되므로, 학기 초 교육지원청에 급간식비 예산 지원을 신청할 때 1~3명 정도로 예상 인원을 정하는 것이 일반적이다. 당초 예상보다 교육비 지원 대상 학생 수가 많아졌다면 예산 추가 신청 기간에 맞추어 신청할 수 있다.

※ 교육비 지원 대상자는, 3월부터 돌봄교실을 이용한 학생에 한하여 급간식비 환급이 가능하다. 반대로 교육비 지원 학생 수가 적어 예산이 남게 될 경우, 상반기 또는 하반기 교육청의 예산 정산 기간에 반납 신청을 진행하면 된다.

▶ 교육비 지원 학생 환급 업무 절차

▶ 교육비 지원 학생 확인(5월 중)
→ 돌봄교실 이용 학생 중 교육비 지원 선정 여부 확인
→ 교무실 또는 행정실의 교육비 업무 담당자에게 문의

▶ 내부기안 예시

> 제목 2025학년도 초등돌봄교실 교육비 지원 학생 간식비 환불 요청
> 1. 관련: OOO초-1234(2025. 5.30.)
> 2. 2024학년도 초등돌봄교실 교육비 지원 선정 학생에 대해 붙임과 같이 환불 처리하고자 합니다.
>
> 붙임 2025학년도 초등돌봄교실 교육비 지원 선정 학생 명단 1부. 끝.

→ 선정 심사 관련 공문 번호 기재
→ 교육비 지원 대상 학생 명단 첨부
 (지출 담당자에게 환급 대상 전달 및 협의)

▶ 환급 금액 산정
→ 기준: 3월~5월 돌봄교실 이용 기간

▶ 지출 품의서 작성 및 상신
→ 전체 환급 금액 일괄 계산 후 품의서 예산 항목 선택 및 기재

▶ 지출 완료 및 정산 종료

✓ 잘될 쌤 TIP

교육비 지원 대상자에 대한 환급 기안을 작성할 때는, 관련 근거 문서인 ① 돌봄교실 운영 계획(교육비 지원 대상자 환불 관련 포함) 및 ② 교육비 지원 대상자 선정 내부기안 문서 번호를 각각 명시하여 상신한다. 두 문서는 환급 처리의 사전 계획 및 확정된 대상자 명단의 근거가 되므로, 함께 정확히 기입하는 것이 중요하다.

4

초등돌봄 단체 프로그램 계획 및 선정, 강사 관리

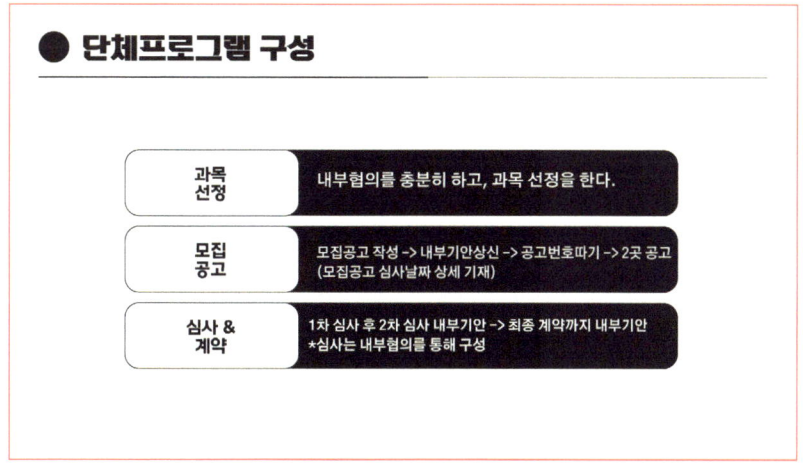

단체 활동 프로그램은 학생들의 다양한 흥미와 특기 계발을 위해 운영되며, 다음과 같은 절차에 따라 기획되고 실행된다. 아래의 표는 단체 활동 프로그램 업무 전반의 흐름을 요약한 것이나.

단체 프로그램 운영 계획 수립 및 학운위 심의

연간 단체활동 계획을 수립할 때, 프로그램의 운영 시기, 주당 횟수, 반별 소요 시간 등을 구체적으로 계획한다. 방학 중에는 주 2회 등으로 편성할 수 있으며, 추후 강사 변경이나 일정 조정 가능성을 명시해 둔다. 예: 강사 사정 등으로 인한 수업 일정은 변경될 수 있음, 차순위 강사로 대체될 수 있음.

과목 선정 협의

과목 선정은 돌봄전담사, 방과후 담당자, 관리자 등과 협의하여 결정한다. 특정 과목의 경우 안전사고 우려로 제한될 수 있기 때문에 부서별 긴밀한 소통이 중요하다. 돌봄전담사도 수업 중 안전 지도, 간식 지도, 하교 지도 등을 병행하므로 돌봄교실 운영 특성을 반영한다.

재계약 및 강사 만족도 조사

기존 강사 재계약 여부는 강사 만족도 조사 결과 등을 바탕으로 결정한다. 계약은 1년 단위로 진행하며, 재계약 시에도 성범죄 및 아동학대 조회 동의서, 건강검진서 등을 유효기간에 따라 다시 요청 할 수 있다.

```
수신    내부결재
(경유)
제목    2025학년도 초등돌봄교실 단체프로그램 강사 재계약

1. 관련: 화성매송초-13976(2024.12.13.)
2. 2025학년도 초등돌봄교실 및 다함께꿈터 단체프로그램 강사 재계약을 붙임과 같이 보고하고자
   합니다.
   가. 재채용기준: 만족도 조사 참여율 50% 이상, 만족도 80%이상 부합 및 심의 가결.
   나. 계약 기간: 2025. 3. 4.(화) ~ 2026. 2. 27.(금)
   다. 계약 부서 및 강사명
```

순	프로그램명	요일	강사명
1	토탈공예	월, 수	
2	음악줄넘기	화, 목	
3	보드게임	금	

```
   라. 붙임서류 외 종전 서류로 같음.

붙임  2025 부서별 강사 계약서 및 검진서류 1부.  끝.
```

잠복결핵의 경우 생애 1회 검사로 갈음 가능하나, 건강검진서는 1년 이내 발급 기준으로 확인한다.

모집 공고

모집 공고는 내부기안을 통해 사전 계획 수립 후, 교육청 및 학교 홈페이지에 최소 5~7일간 게시한다. 재공고는 최소 3일 이상 게시하고, 공고문에는 접수처, 제출 서류, 모집 일정, 심사 일자 및 합격자 발표 일정 등을 명확히 기재한다. 공고문 등록 전 교육청 구인란 로그인(공인인증서 필요)을 미리 점검한다.

▶ 모집 공고(예시)

2024 초등돌봄교실 겨울방학 특별프로그램 모집공고

본교 초등돌봄교실에서는 2024학년도 겨울방학 특별프로그램(생태놀이) 운영을 위해 아래와 같이 강사를 모집하오니 많은 관심과 지원 바랍니다.

1. 채용 구분: 외부 개인위탁 강사 (초·중등교육법 제22조 제1항에 근거한 '강사' 신분)
2. 모집 분야 및 인원

분야 (프로그램)	인원	운영기간	운영시간	수당
생태놀이	1명	2025년 1월 8일 ~ 1월 17일	1차 40분 2차 40분	회당 40,000

　1) 수 업 료: 시간당 40,000원(1회 40분 수업, 1일 2차시 수업 총16차시)
　2) 수업대상: 돌봄교실 겨울방학 이용학생 (1개반)
　3) 수업시간: 1차시 13:30~14:10/ 2차시 14:20~15:00
　4) 수업내용: 자연물을 활용한 생태놀이 및 자연 책 읽고 연계활동 등.
　5) 수업장소: ▨▨▨ 초등학교 돌봄교실(2층)
　※ 교육청 지침 및 학교 사정으로 인하여 운영기간 및 시간이 변경 될 수 있음.

3. 자격 및 조건
　● 관련 분야 자격증 소지자 또는 해당 분야 경험이 풍부한 자
　● 아동 대상 프로그램 운영 경험자 우대
　● 공공기관 강사 위탁 요건을 충족하는 자

4. 전형 일정
　1) 모집 기간: 20▨▨ ▨▨ ▨▨ ▨ ▨▨ ▨▨

　2) 서류 제출
　　● 제출 서류: 강사 지원서, 프로그램 운영 계획서, 자기소개서, 관련 자격증 사본.
　　● 제출 방법: 이메일 접수(예: ▨▨▨korea.kr)

　3) 합격자 발표: 개별 통보
　　● 기타(최종선정 후 제출 서류)
　　건강검진기관에서 발행한 채용신체검사서 1부(검사일로부터 1년간 유효, 공무원채용신체검사서 가능, 국민건강공단에서 발급한 건강검진대체통보서 가능), 잠복결핵확인서 1부, 주민등록등본 1부, 통장사본 1부, 각종 동의서 등.

5. 유의 사항
　• 제출된 서류는 반환하지 않으며, 기재 내용이 사실과 다를 경우 합격이 취소될 수 있습니다.
　• 강사 모집과 관련된 세부 사항은 기관 사정에 따라 변경될 수 있습니다.

2024. 12. 13.
▨ ▨ ▨ 초 등 학 교 장

▶ 공고 내부기안(예시)

```
제목    2024 초등돌봄교실 겨울방학 특별프로그램 세부 추진계획 및 모집공고

1. 관련: ███ ███초-13456(2024.12. 3.)
2. 초등돌봄교실 겨울방학 특별프로그램을 붙임과 같이 모집하여 운영하고자 합니다.
   가. 채용 직종 및 인원: 생태놀이강사 1명
   나. 수업기간: 2025.1.8.(수)~ 1.17.(금)
   다. 수업시간: 1차시 13:30~14:10, 2차시 14:20~15:00
   라. 채용방법: 공개채용
   마. 전형일정
```

구분	공고일 및 시행기간	합격자 발표 및 비고 사항
공고기간	2024. 12. 13.(금)~ 12. 18.(수) 11:00	미 접수시 재공고 2025. 12.18.(수) ~ 12.20.(금) 11:00
1차 서류심사	2024. 12.18.(수) 15:30	면접대상자 개별통보.
2차 면접심사	2024. 12.19.(목) 15:30	개별통보 (여건에따라 면접일 조정될 수 있음)

```
   바. 공고방법: 경기도교육지원청 및 본교 홈페이지 게시

붙임  1. 2024 초등돌봄교실 겨울방학 특별프로그램 세부 추진계획 1부.
      2. 2024 초등돌봄교실 겨울방학 특별프로그램 모집공고 1부.  끝.
```

✓ **잘될 쌤 TIP**

공고 시 '재공고' 일정 문구를 미리 넣으면, 다시 기안할 때 수고를 덜 수 있다.

심사 및 선정

1차 심사: 내부위원 구성(예: 교감, 돌봄전담사, 방과후 담당 등)

2차 심사: 외부위원 포함 가능(학부모 위원 등), 서류 및 면접 심사 병행, 각 심사 후 내부기안 상신, 심사표와 서약서 등은 위원별로 준비, 최종 선정 후 계약서 작성 전 성범죄 및 아동학대 조회를 확인한다. 심사위원 구성은 규정을 준수하며, 학교별 재량에 따라 구성한다.

> 결과 내부기안(예시)

제목 2024 초등돌봄교실 겨울방학 특별프로그램 채용 심사 결과

1. 관련: ○○초등학교-14206(2024.12.19.)
2. 초등돌봄교실 겨울방학 특별프로그램 생태놀이 지도강사 최종 채용 심사 결과는 다음과 같습니다.
   가. 면접대상자: 2명
   나. 최종합격자: 1명(이*영)
   다. 계약기간: 2025. 1. 8.(수)~ 1. 17.(금)
   라. 수업시간

겨울방학 중	13:30-14:10(1회차)/ 14:20-15:00(2회차)
비 고	1일 2회 수업, 총16회차

붙임 1. 2차 면접 지원자 현황 1부.
      2. 평가위원등록부(2차) 1부.
      3. 평가점수집계표(2차) 1부.
      4. 평가심사표(2차) 1부. 끝.

계약 및 오리엔테이션

계약서 작성 시 필요한 서류: 범죄경력조회 동의서, 건강검진서, 신분증 사본 등 계약일에 간단한 간담회 및 안전 연수 자료를 안내한다.

> 강사 계약 내부기안(예시)

제목 2024초등돌봄교실 겨울방학 특별프로그램(생태놀이) 강사 계약

1. 관련: ○○초-14273(2024.12.20.)
2. 2024학년도 초등돌봄교실 겨울방학 특별프로그램 강사 계약을 붙임과 같이 보고하고자 합니다.
   가. 강사: 이*영
   나. 계약 기간: 2025. 1.8.(수)~ 1.17.(금)
   다. 수업시간

겨울방학	프로그램명	수업시간
25.1.8.~ 1.17.	생태놀이	매일 2회차 1회차 13:30~14:10 2회차 14:20~15:00

붙임 계약서 및 통장사본 등 개인확인서류 1부. 끝.

강사 안전 교육 및 관리

화재 대피로, 응급 상황 대응 요령 등 학생 안전 관련 연수를 시청할 수 있는 사이트를 안내한다. 강사 대상 법정 의무 교육 및 안전 교육 시 참고할 수 있는 자료는 아래와 같으며, 학교 상황에 맞게 활용할 수 있다.

▶ 참고 가능한 안전 교육 자료

자료명	발행 기관	활용 내용
학교 재난안전관리 매뉴얼	교육부	행동 요령, 사고 예방 수칙
응급상황 대처법 안내	대한안전교육협회	기본 응급처치 요령
법정의무교육	중앙교육연수원	각종 의무 연수

참고 자료 출처

 교육부

https://home.pen.go.kr/upload/old/schoolsafe/edu2/89326da2b11576213138.pdf

대한안전교육협회

https://post.naver.com/viewer/postView.naver?memberNo=19462446&volumeNo=27419375

중앙교육연수원

https://www.neti.go.kr/

> ✓ 잘될 쌤 TIP
>
> [강사 업무 시 미리 준비하면 수월해질 항목]
>
> **① 심사 질문 항목 사전 준비**
> 면접 심사 시 면접 위원들이 참고할 수 있도록 질의 내용을 미리 준비할 수 있도록 한다. 원활한 면접 진행을 위해 심사표와 비밀유지서약서도 질의 내용과 함께 책상 위에 비치해 두도록 한다.
>
> **② 심사표 여유분 인쇄**
> 면접 당일 점수 계산 착오나 기록 실수에 대비하여, 심사표는 여유 있게 인쇄해 두는 것이 좋다. 예비 용지를 준비해 두면 상황에 따라 신속하게 대처할 수 있다.

강사 운영 실무: 강사 관리 및 대응 업무

돌봄교실 단체 프로그램 운영에 있어 외부강사는 단순한 '강의 제공자'가 아닌, 돌봄교실의 학생 관리 지도 협력자이다. 따라서 돌봄전담사는 강사와의 유기적인 소통을 통해 학생의 안전과 수업의 질을 모두 확보해야 한다. 강사와 협업하는 과정에서 다양한 상황이 발생하는데, 이때 돌봄전담사는 학교와 학부모, 강사 사이에서 중간자 역할을 수행하게 된다. 아래는 현장에서 자주 겪는 상황을 중심으로 정리한 강사 관리 실무 내용이다.

▶ **강사의 휴강, 공강 발생 시 학부모 응대**

강사의 개인 사정, 출장, 건강상의 이유 등으로 예정된 수업이 휴강될 경우, 사전에 학부모에게 안내를 통해 공지하고 대체 수업 일정을 제시 또는 전담사가 해당 시간을 활용할 수 있다. 돌봄교실은 단순 수업의 공간이 아니기 때문에, 갑작스러운 공강으로 인해 돌봄 공백이 생기지 않도록 사전 조율이 필요하다.

대체 수업이 어려운 경우에는 보강 계획 및 예산 처리 계획을 수립하고, 학교 운영계획서 또는 학운위 심의 내용에 명시해 두는 것이 좋다. 이는 향후 학부모 민원 발생 시 근거 자료로도 활용할 수 있다.

▶ 강사의 중도 계약 해지 및 대체 강사 연계

예상치 못한 사정으로 강사가 중도 하차하게 되는 경우, 수업 공백을 최소화하기 위해 차순위 지원자를 확보, 또는 대체 강사 선정 시에는 간단한 재심사 절차 또는 서류 보완을 거쳐 계약을 체결 할 수 있고, 관리자에게 해당 사항을 공유해야 한다.

▶ 강사-학생 간 마찰 시 중재 역할

수업 중 학생과 강사 간 충돌이나 정서적 마찰이 발생할 수 있으며, 이로 인해 강사가 특정 아동을 기피하는 경우도 발생할 수 있다. 이 경우, 전담사는 중립적인 입장에서 상황을 파악하고, 양측의 의견을 듣고 객관적으로 조율하는 것이 중요하다. 상황에 따라 학부모와 관리자에게도 정보를 공유하고, 사안이 발생할 경우 적절히 대응할 수 있도록 내부 기록으로 남기는 것이 바람직하다. 모든 판단은 '학생의 안전과 수업의 지속성'이라는 원칙 아래, 학교의 공식적인 기준에 맞게 처리할 수 있어야 한다.

▶ 강사 일정과 강사비 예산 조율

프로그램이 학기 중 장기 휴강되거나(예: 감염병 등), 학교 행사와 중복될 경우, 강사 수업 일정과 예산 집행에도 변동이 생길 수 있다. 이때는 수업 일수 보정, 회차 조정 등의 계획을 수립하여 예산 낭비가 발생하지 않도록 조정해야 한다. 또한 이 같은 변경 사항은 강사와 충분히 사전 협의하고, 서면으로 보관할 수 있도록 안내하는 것이 좋다.

▶ 강사와의 관계 유지 및 협조 유도

강사도 외부 교육자로서 자존감과 책임감을 갖고 수업에 임하기 때문에, 기본적인 존중과 정기적인 소통은 매우 중요하다. 사소한 민원 발생 시에도 먼저 강사에게 설명의 기회를 우선 제공하고, 수업 외적 요소로 인해 강사의 부담이 커지지 않도록 배려하는 태도가 필요하다. 돌봄전담사가 학교와 학부모, 강사 간 '신뢰의 다리 역할'을 수행할 수 있어야 한다.

※ 위 내용은 실제 현장 상황을 기반으로 정리한 것으로, 학교별 운영 방식 및 지역 교육청 지침에 따라 일부 절차 등은 달라질 수 있다. 반드시 학교 관리자와 협의를 거쳐 탄력적으로 운영하는 것이 바람직하다. 실제 단체 프로그램 운영 과정에서는 강사 일정 외에도, 학교 학사 일정이나, 돌봄교실 운영 사정에 따라 단체 프로그램 일정에 변동이 생길 수 있다.

5

초등돌봄 대체인력 업무의 모든 것
: 대체인력 학교 단위 인력풀(인력창고) 구성

돌봄교실 운영에서의 전담사의 공백은 단시간 내에 아동 안전과 단체 활동 프로그램 진행에 직접적인 영향을 줄 수 있기 때문에, 대체전담사 활용은 선택이 아닌 필수 준비 사항이라 할 수 있다.

특히 연차, 공가, 병가 등으로 전담사 업무 공백이 발생할 경우, 사전에 인력풀을 구성하거나 학교 차원의 협의 체계를 갖추는 것이 안정적인 운영의 핵심이 된다. 학교별 상황에 따라 또는 재량에 따라 다를 수도 있다. 대체전담사 채용과 인력 구성은 원칙적으로는 행정실이나, 관리자의 업무에 해당한다. 하지만 현장에서는 돌봄교실 운영의 연속성과 전담사의 휴가·공가 사용의 유연성을 위해, 전담사가 사전에 인력풀을 구축하거나, 절차를 숙지하여 선제적으로 준비하는 경우가 많다. 이는 업무의 경계를 넘는 부담이라기보다는, 돌봄교실을 안정적으로 운영하고 돌봄전담사의 권리(휴가 등) 보장을 위한 실무자의 능동적이고 전략적인 대응으로 볼 수 있다.

실제로 사전에 인력풀을 구성해 두면 급한 상황이 발생했을 때 연차나 병가 사용에 대한 부담이나 업무 공백에 대한 부담도 상당 부분 줄어들게 된다. 따라서 학교는 대체인력 운영이 필수 행정 업무임을 인식하고, 돌봄전담사 주도의 협력 체계를 구축하는 것이 효율적인 방식이 될 수 있음을 인지해야 한다.

대체전담사 운영 절차는 어떻게?

학교 현장에서는 대체 인력풀을 효율적으로 운영하기 위해서 채용부터 계약까지 전반적인 절차를 숙지해 두는 것이 중요하다.

▶ 대체전담사 채용 절차 요약표

순번	절차 단계	설명 요약
1	계획 수립 및 공고문 작성	채용 인원, 요건, 일정 등
2	내부기안 상신	결재 라인 확보
3	공고번호 발급	에듀파인 공고대장 활용
4	모집공고 게시	학교 홈피 및 교육청 구인
5	서류 접수 및 결과 결재	지원자 접수 후 내부기안
6	1·2차 심사 진행	내·외 위원 구성
7	필수 서류 확인	성범죄, 아동학대 조회, 잠복결핵 및 검진 서류 등
8	계약 체결 및 내부기안	계약서 작성 추후 품의

▶ 대체전담사 모집공고 내부기안(예시)

제목 2025학년도 초등돌봄교실 초등보육전담사 대체전담사(학교단위인력풀) 모집공고

1. 관련: ■■■■초-1236(2025.2.13.)
2. 초등보육전담사의 연가 및 병가 등 사용으로 공백시 근무 할 대체전담사(학교단위인력풀)를 다음과 같이 채용하고자 합니다.
   가. 채용 직종 및 인원: 초등보육선남사 대체전담사 3명
   나. 계약기간: 2025. 4. 1.(화) ~ 2026. 2. 27.(금)
   다. 근로시간: (학기중)11:00~19:00,(방학중)08:30~16:30 (1일8시간 근무)
   라. 채용방법: 공개채용
   마. 전형일정

구분	공고일 및 시행기간	합격자 발표 및 비고 사항
공고기간	2025. 3. 10.(월) ~ 2025. 3. 15.(토) 17:00	미 접수시 재공고 2025. 3.17.(월) ~ 3.19.(수)
1차 서류심사	2025. 3.17.(월)	면접대상자 개별통보.
2차 면접심사	2025. 3.20.(목) 14:40	2025.3.20.(목) 17:00 이후 개별통보.

   바. 공고방법: 경기도교육지원청 및 본교 홈페이지 게시

붙임 2025 초등보육전담사 대체전담사(학교단위인력풀) 모집공고 1부. 끝.

본 절차는 상황에 따라 조정될 수 있으며, 실제 업무 시에는 내부 협의가 선행되어야 한다.

› 대체전담사 모집공고 공고문

000초등학교 공고 제2025-00호.

[2025년] 000초 초등돌봄교실
학교 단위 인력풀 [초등보육전담사] 채용 공고

000초등학교 초등돌봄교실에서, 2025학년도 본교 초등보육전담사 **공백 시** 대체 할 대체 전담사를 채용 하고자 합니다. **(학교단위인력풀구성)** 근무조건 및 기준 등을 확인하시고, 지원 부탁드립니다.

2025년 3월 10일
000초등학교장

1. 모집분야 및 인원

직 종	모집인원	근무시간	근무장소	근무형태	구성기간	비고
초등보육전담사 (대체전담사)	3명	전담사 공백 시 (연차 등) 해당일 근무 1일 8시간 근무 (휴게시간 제외)	본교 돌봄교실	학기중 11:00~19:00 방학중 08:30~16:30	2025. 4. 1.~ 2026. 2. 28.	선정시 확인서발급

※ 임　금: 해당 경기도교육청 교육공무직원 임금지급기준에 준함.
※ 담당업무: 초등돌봄교실 참여 학생 지도(생활,활동,안전,간식지도 등), 학생관리 및 기타 돌봄교실 업무 등.

2. 채용 기준 및 일정

가. **유.초.중등 교사 자격 또는 보육교사 2급 이상 자격 소지자.**
　※「아동·청소년의 성보호에 관한 법률」제56조 (아동·청소년 관련기관 등에의 취업제한 등) 제1항,「아동복지법」제29조(아동관련기관의 취업제한 등) 제1항에 해당되지 않은 자.

나. ● 접수기간: 2025. 3. 10.(월) ~ 3. 15.(토) 17:00까지 (기한준수)
　● 접수방법: 이메일 접수(0000000000) 또는 000초 돌봄교실 직접 접수(2층)
　　　　　　 ※메일 접수 시 제목 입력 예 -> 대체전담사지원(김돌봄) 지원.
　● 제출서류
　　(1차)이력서 1부, 자기소개서 1부, 관련 자격증 및 경력증명서 1부.
　　(2차)등본, 통장사본, 잠복결핵확인서, 건강검진서(일반건강검진결과서로 대체가능, 국민건강보험공단에서 건강검진대체통보서[직장제출용]), 유효기간확인 -> 검진일로부터 1년), 성범죄 조회 동의서 및 각종동의서 등.

다. 합격자 통보
　※ 1차 서류전형 합격자 **개별통보(3월17일)** 후 면접 실시 (면접 일시:3월 20일(목) 14:40 예정)
　※ 2차 면접전형 심사 결과는 개별통보되며, 면접 대상자에 한해 면접시간을 공지함.

3. 기타사항 [문의사항 000초 돌봄교실 031-000-0000]

　※ 제출된 서류 및 평가내용은 반환하거나 공개하지 아니함.
　※ 제출된 서류 및 기재사항이 허위로 드러날 시 선정 및 계약은 무효로 함.
　※ 전형 결과 적격자가 없을 경우 채용하지 않거나 채용인원이 변경될 수 있음.
　※ 비상연락으로 연락되지 않을 시 책임지지 않음.

※ 이력서 및 자기소개서는 교육청 공통 양식 또는 학교별 양식에 따라 제출받을 수 있으며, 상세 양식은 교육청 구인란 또는 학교 홈페이지 공고문에서 확인할 수 있다.

▶ 면접 불참자 발생 시 대응 방법

2차 면접 심사 대상자 중 불참자가 발생할 경우, 사전에 공지된 차순위 대상자를 기준으로 면접을 진행할 수 있다. 해당 내용은 내부기안 작성 시 미리 문구로 포함해 두면, 재상신 없이 절차가 원활하게 처리될 수 있다.

▶ 대체전담사 1차 심사 결과 및 2차 면접 심사 내부기안(예시)

```
제목   2025 초등돌봄교실 대체전담사 1차 서류심사 결과 및 2차 면접 심사 실시
1. 관련: ■■■■초등학교-2131(2025. 3. 5.)
2. 2025년 초등돌봄교실 학교단위인력풀 구성 대체전담사 1차 서류심사 결과는 붙임과
   같으며, 1-3순위 지원자를 대상으로 2차 심사를 실시하고자 합니다.
  가. 2차 심사일시 및 장소: 2025.3.20.(목) 14:40~ 1층 면담실
  나. 평가자: 평가위원 3인
  다. 대상자: 지원자 6명 중 1-3순위 지원자 3인.
  라. 2차 심사 대상자 중 면접 불참자가 발생할 경우, 차순위자를 대상으로 면접진행.

붙임  1. 평가심사표(1차) 1부.
      2. 평가점수집계표(1차) 1부.
      3. 평가위원등록부(1차) 1부.
      4. 청렴서약서(1차) 1부.
      5. 서류지원(이력)서 1부.   끝.
```

▶ 대체전담사 연차 대체 시 내부기안 작성 방법

연차 사용 시에는 사전에 대체전담사 투입 계획을 내부기안으로 상신하는 것이 필요하다. 기안서에는 연차 일자, 대체인력, 근무 시간, 반 등 주요 내용을 포함하도록 한다. 특히 인력풀 구성이 완료된 상태라면, 별도의 채용 절차 없이 신속하게 교체 인력을 확보할 수 있다는 장점이 있다.

▶ 대체전담사 연차 대체 시 내부기안(예시)

```
제목   초등돌봄교실 대체인력 채용 보고
1. 관련
   가. 0000초등학교-2946(2025. 0. 00.)
   나. 0000초등학교-4114(0000. 0. 00.)
2. 초등돌봄교실 초등 보육 전담사의 연차 사용으로 인한 본교 학교 단위 인력풀 대체전
   담사를 활용하여 운영하고자 합니다.
   가. 대체전담사: 1명(O*O)
   나. 근무기간 및 시간: 2025.0.20.(월) ~ 0.00.(금), 08:30~16:30(8시간)

붙임   계약서 및 개인정보 동의서 1부.   끝.
```

내부기안의 관련 문서는 채용 공고 등과 연결하여 작성하면, 관련 업무의 연계성과 확인 절차를 명확히 하는 데 도움이 된다.

▶ 대체전담사 인건비 처리

대체 돌봄전담사가 확정되면 인건비 지급을 위해 지출 품의서를 작성한다. 대체인력 투입 전 사전 품의가 선행될 수 있다. 품의서에는 대체 전담사의 근무 일자, 근무 시간, 단가, 총액이 명확히 기재되어야 하며, 사전에 작성된 내부기안(연차 사용 보고 및 대체인력 계획)을 바탕으로 연결 문서 번호를 함께 입력하면 예산 집행 업무에 도움이 된다. 특히 학교 회계 프로그램(에듀파인)을 활용할 경우, 품의 등록 시 예산 항목 선택을 정확히 해야 하며, 결재 라인 또한 '담당자 → 실장(협조) → 교감(검토) → 교장(결재)' 순으로 진행되므로, 결재 상신 전 결재 라인을 다시 한번 확인하는 것도 좋다.

※ 예시 이미지에는 실제로 상신된 품의서가 포함되어 있으므로, 문서 형식과 항목 구성을 참고하여 작성하면 실무에 도움이 될 수 있다. 품의서 형식은 학교 상황에 따라 일부 항목과 품의 개요 입력 방법이 달라질 수 있으므로, 실제 업무 시에는 해당 근무 학교 인

건비 관련 품의 개요를 사용하는 것이 바람직하다. 같은 인력이 반복 투입될 경우, 이전 품의서를 복사하여 활용하면 작성 시간을 줄일 수 있다. 단, 근무 일자와 예산 항목은 반드시 다시 확인해야 하며, 각 지역과 학교의 예산 체계에 맞게 변형하여 사용할 수 있다.

▶ 대체전담사 지출 품의서(예시)

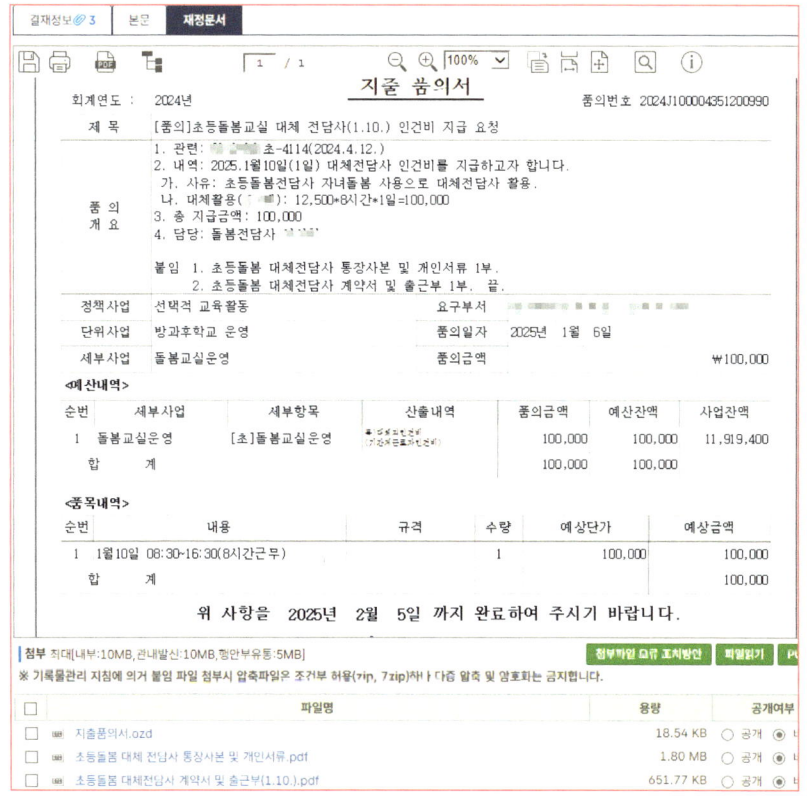

✓ 잘될 쌤 TIP

취업 예정자가 범죄경력회보서 발급 시스템에서 직접 신청·출력하여 제출할 수도 있으며, 시설 기관 아이디와 검증번호가 필요하고, 학교마다 기관 등록 여부나 조회 방식이 다를 수 있다. 대체전담사 인건비 지급 기준은 시·도 교육청별로 상이하며, 예를 들어 경기도의 경우, 동일 인원이 7일 이상 연속하여 대체근무를 수행할 경우 교육지원청 예산으로 지급이 가능하다. 이와 같은 기준은 각 지역의 재정 지침에 따라 다를 수 있으므로, 품의서 작성 전 해당 지역의 관련 부서에 사전 확인하는 것이 바람직하다.

현장과 가장 가까운 실무 동반서

"초등돌봄 실무의 모든 것"
유튜브 검색!

6. 초등돌봄 나이스 시스템 활용

초등돌봄 나이스 시스템 개요

기준관리	돌봄교실관리	돌봄신청관리	돌봄배정관리	돌봄운영관리	회계관리	통계관리
기본정보관리	돌봄교실관리	돌봄교실신청	학생배정관리	급간식메뉴관리	강사료관리	통계관리
교실관리	프로그램관리	제출서류관리		출결관리	급간식비징수관리	통계조회
인력관리	시간표관리	SMS전송관리		일지관리	급간식비정산관리	
돌봄학기설정관리	정부24 연계관리	알림서비스전송내역		보존식관리	급간식비현황	
제출서류종류설정				활동확인서관리		
강사대장관리						
강사별강의시간관리						
알림메세지관리						

초등돌봄교실은 나이스를 통해 전산화된 행정 업무를 수행한다. 이 시스템을 적극 활용하면 돌봄교실 운영의 효율성, 체계성, 투명성을 동시에 확보할 수 있으며, 수월하게 행정 업무를 처리할 수 있다. 특히 나이스를 활용하여 돌봄교실 신청부터 학급 배정, 출결 관리, 운영 일지 작성, 회계, 통계까지 한눈에 관리가 가능하므로 실무자가 전산 시스템을 정확히 이해하고 활용하는 것이 중요하다. 또한, 대체전담사 근무 시에도 학생 출결 등록 및 근무 기록 처리도 시스템 내에서 기록 가능하여, 혼선 없이 처리할 수 있도록 관련 메뉴 구조와 입력 흐름을 숙지해 두는 것이 바람직하다. 돌봄교실 운영 시 자주 사용하는 나이스 기능들을 중심으로, 실무자가 알아야 하는 항목과 처리 순서를 함께 정리하였다.

기준관리(기본정보관리)

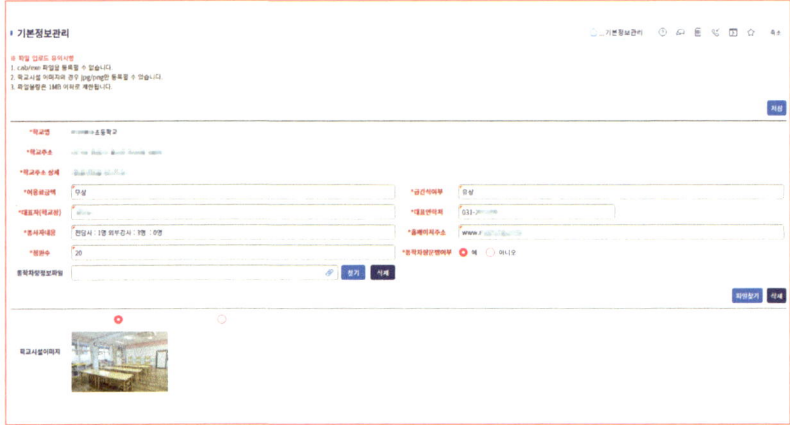

초등돌봄 나이스 첫 번째 태그인 기준관리에서 기본정보관리는, 돌봄교실을 운영하는 학교의 정보를 관리하는 태그로, 해당 근무 학교의 정보를 입력할 수 있다.

하얀색 체크 박스는 수정 및 변경이 가능하고, 수정하거나 변경하면 반드시 [저장] 버튼을 눌러야 한다. 학교 시설 이미지는 2매까지 가능하고, 파일 용량에 따라 업로드가 되지 않을 수 있으니, 사전에 용량을 확인하도록 한다.

급간식 여부를 표시해야, 뒤에 나오는 메뉴인 일지관리에서 급간식 제공 메뉴에서 확인 및 체크를 할 수 있다.

▶ 기준관리 메뉴에서 학교의 기본 정보 입력하기

❶ 학교명/대표연락처/홈페이지주소 등 필수 항목을 작성하고 [저장] 버튼을 누른다.

❷ 학교시설이미지 등록은 2개까지 가능하며, 용량은 1MB 이내 파일만 등록 가능하다.

❸ 학교정보는 [일지관리 → 급간식 제공 여부] 설정 항목과 연결되어 급간식 대상 학교로 표시할지 여부를 설정한다.

기준관리(교실관리)

'교실관리'는 학교 돌봄교실의 교실 명칭, 정원, 겸용 여부, 설치 여부 등을 설정하는 곳이다. 한 해의 운영을 시작하기 전, 입력하는 태그라고 할 수 있다.

❶ 학년도와 학년, 반을 확인하고 [조회] 버튼을 눌러 해당 연도의 교실 목록을 확인한다.

❷ 신규 교실 등록 및 수정 방법
새로 추가할 교실이 있다면 [행 추가] 버튼을 눌러 교실 이름, 정원, 겸용 여부 등을 입력하고 [저장] 버튼으로 등록한다.

❸ 변경 사항이 있을 경우에도 [저장]으로 반영해야 한다.

❹ 매년 동일하게 운영되는 교실이 있는 경우, [전년도 내역 가져오기] 기능을 사용한다. 이전 학년도에 입력했던 교실 정보를 그대로 불러올 수 있어 편리하다.

↳ ① 학년도와 학년, 반을 선택한다.
↳ ② [확인] 버튼을 눌러 복사한다.

> ✓ **잘될 쌤 TIP**
> 학생 배정이 완료된 교실은 삭제할 수 없고, 배정 전 단계에서만 삭제가 가능하다. 삭제 시 체크 박스를 해제하여 등록을 비활성화하면 된다.

▶ 잘될 쌤의 교실관리 입력 핵심 요약표

구분	내용
기능 목적	학교 돌봄교실의 교실 명칭, 정원, 겸용 여부, 설치 여부 등을 설정하는 기능
사용 시기	한 해의 운영을 시작하기 전
기본 조회	- 학년도, 학년, 반 선택 - [조회] 버튼 클릭 → 해당 연도 교실 목록 확인
신규 등록	- [행 추가] 클릭 - 교실 이름, 정원, 겸용 여부 등 입력 - **[저장]**으로 등록
수정/변경	- 변경 후 [저장] 클릭 → 반영
전년도 내역 가져오기	- 매년 동일한 교실이 있을 때 사용 - 이전 학년도 정보 불러오기 가능
전년도 내역 가져오기 절차	① 학년도와 학년, 반 선택 ② [확인] 버튼 클릭 → 정보 복사

6-1 기준관리(인력관리)

'인력관리'는 돌봄교실에 배치되는 전담사, 외부강사 등 인력 정보를 등록·관리하는 기능이다. 이 기능으로 교실별 담당자 배정, 단체 활동 프로그램 관련 사항 등록, 수업 배정, 강사료 지급 등을 관리할 수 있다.

❶ 먼저 [등록] 버튼을 누르면 인력 기본정보 및 상세정보 입력 화면이 나타난다. 이때 성범죄 및 아동학대 조회 확인 여부를 체크하지 않으면 저장이 불가능하므로, 반드시 사전 조회와 확인 절차를 완료한 후 입력해야 한다.

❷ 외부강사 입력 시에는 '인력 상세정보' 항목에서 은행명, 계좌번호 등 강사료 지급에 필요한 정보를 정확히 입력해야 하며, 이미 등록된 인력은 이름을 클릭하여 정보 수정을 진행할 수 있다.

❸ 모든 인력 등록이 완료되면 승인 또는 반려 처리를 할 수 있다. 반려 시에는 반드시 사유를 기재하도록 되어 있으며, 일지에 1일(하루)이라도 등록된 이력이 있는 인력은 삭제가 불가능하다는 점도 유의해야 한다.

❹ 등록된 인력이 많을 경우, 상단의 [재직상태]나 [등록년도] 필터를 활용하면 명단 검색이 수월하다. 이러한 필터 기능을 적극 활용하면 다수의 인력을 보다 효율적으로 관리할 수 있다.

▶ 잘될 쌤의 인력관리 입력 핵심 요약표

항목	내용	유의 사항
등록 가능 인력	전담사, 외부강사 등	기본정보 + 상세 정보 입력
필수 확인 항목	성범죄, 아동학대 조회 여부	체크 안 되면 저장 불가
외부강사 입력	은행명, 계좌번호 입력	나이스 연동됨
정보 수정 방법	이름 클릭 후 수정 화면 이동	일부 항목만 변경 가능
삭제 제한 조건	일지 작성 1일이라도 있으면 삭제 불가	사전 테스트 후 등록 권장
검색 활용 팁	재직상태, 등록년도 필터 사용	인력 수 많을 때 유용

기준관리(돌봄학기설정관리)

'돌봄학기 설정' 메뉴에서는 학기별 돌봄 운영 기간을 설정할 수 있다. 보통은 1학기, 여름방학, 2학기, 겨울방학의 네 개 학기로 구분되며, 해당 항목을 등록하면 이후 돌봄신청 및 배정, 출결, 일지 등에 자동 연동된다.

❶ 학기 설정 시 '오후돌봄', '오전돌봄', '저녁돌봄' 등 세부 돌봄 구분은 '돌봄교실관리' 메뉴에서 교실별로 적용할 수 있다.

❷ [추가] 버튼을 누르면 '돌봄학기 등록' 창이 나타나고, 학기명 옆의 드롭다운에서 선택 가능한 학기 목록이 자동으로 표시된다.
예를 들어 1학기와 여름방학이 이미 등록되어 있다면, 2학기나 겨울방학만 선택 가능하다.

❸ 이때 신청 기간과 실제 돌봄 운영 기간이 중복되지 않도록 주의해야 하며, 운영 기간이 겹칠 경우 오류 메시지가 발생하거나 일지 입력 시 차질이 생길 수 있다.

❹ 교실 배정이 완료된 학기는 삭제가 불가능하므로 사전 계획 수립이 중요하다.

▶ 잘될 쌤의 돌봄학기설정관리 입력 핵심 요약표

항목	내용	유의 사항
구분 가능한 학기	1학기, 여름방학, 2학기, 겨울방학	중복 없이 최대 4개 등록 가능
세부 돌봄 구분	오후, 오전, 저녁 등	'돌봄교실관리' 메뉴에서 교실별 적용
학기 등록 방법	[추가] 클릭 → 학기명 선택 → 기간 입력 → 저장	이미 등록된 학기는 제외되고 선택지에 자동 반영
기간 설정	신청기간 / 돌봄운영기간 입력	학기간 날짜 겹치지 않게 주의
전년도 내역 복사	[전년내역가져오기] 기능 사용	동일한 교실 운영 시 유용함
삭제 제한 조건	교실 배정 완료 시 삭제 불가	사전 계획이 중요함

기준관리(제출서류종류설정)

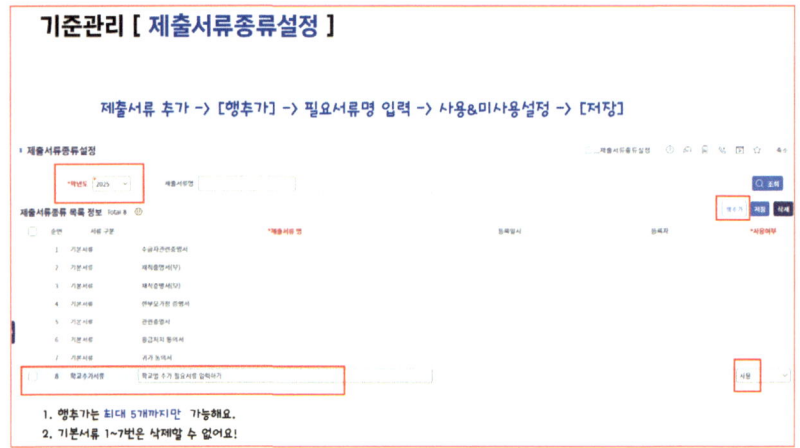

'제출서류종류설정'은 4세대 나이스부터 새롭게 추가된 메뉴로, 돌봄교실 신청 시 필요한 맞벌이 증빙서류나 우선순위 관련 서류를 등록·관리할 수 있다.

❶ 정부24 연계서류 항목이 기본적으로 포함되어 있으며, 학부모가 온라인으로 서류를 제출할 수 있도록 연계 태그명이 자동 지정되는 항목인 7가지는 수정이 불가능하다.

❷ [기본 서류는 7가지로 구성되어 있고, 학교별 상황에 맞는 서류는 최대 5개까지 행 추가가 가능하다.

❸ [행 추가]를 누르면 '학교추가서류'라는 항목명이 자동 입력되며, '제출서류

명' 입력란의 하얀색 체크 박스가 활성화되어 원하는 서류명을 자유롭게 기입할 수 있다.

➤ 어떤 서류들을 추가로 입력하면 좋을까?

예를 들어 자영업자의 경우 사업자등록증 또는 증명원, 프리랜서·일용직의 경우 위촉계약서, 근로계약서 등의 서류가 해당된다. 그 외에도 다자녀, 다문화 가정의 경우에는 등본 또는 관련 증빙서류를 추가할 수 있으며, 학교 내부에서 협의하여 '기타' 항목을 활용하는 것도 하나의 방법이다. 서류명은 파일 첨부 시 명확하게 구분되므로, 실무자는 해당 서류의 목적이 드러나도록 서류명을 설정하면 된다.

> ✓ 잘될 쌤 TIP
>
> 서류는 등록만 한 경우 삭제 가능하나, 신청관리에서 적용되었거나 배정·출결·일지 작성이 완료된 경우 삭제할 수 없으므로 사전 확인이 필요하다.

➤ 잘될 쌤의 제출서류종류설정 입력 핵심 요약표

항목	내용	유의 사항
기본 제출 서류	정부24 연계서류 포함, 총 7종	수정 및 삭제 불가
추가 가능 서류	학교별 자체 설정 서류 (최대 5개)	[행 추가] 클릭 후 '학교추가서류' 자동 입력
서류명 입력	하얀색 체크 박스 활성화 후 서류명 입력	사전 내부 협의

기타 처리	서류가 많을 경우 '기타' 항목으로 정리 가능	협의 후 사용 권장
삭제 제한	신청/배정/일지 등록 완료 시 삭제 불가	등록 전 적용 여부 확인 필수

6-1 기준관리(강사대장관리)

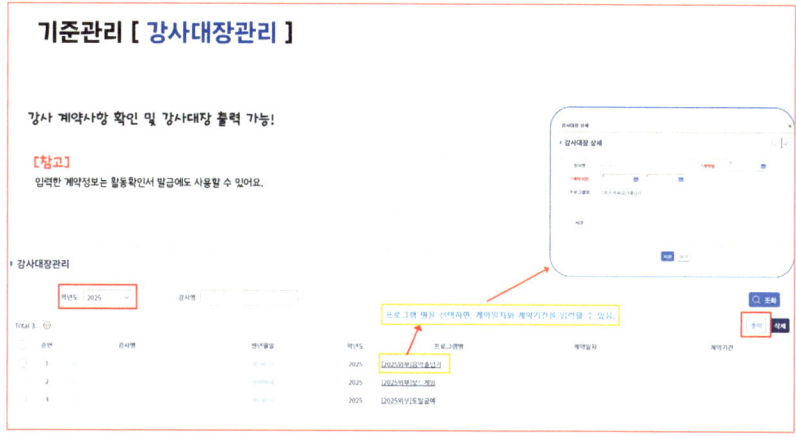

'강사대장관리'는 외부강사의 계약 사항을 관리하고, 활동확인서 발급에 필요한 정보를 입력 및 수정하는 기능이다.

이 기능을 사용하기 위해서는 먼저 '인력관리' 메뉴에서 해당 강사를 등록하고, '프로그램관리'에서 해당 강사와 프로그램을 연결해 두어야 한다.

❶ 프로그램명을 선택하면 '강사대장 상세' 화면이 열리며, 이곳에서 계약일, 계약기간, 비고란 등 세부 정보를 입력한다.

❷ 강사명과 프로그램명은 강사대장관리에서는 수정할 수 없고, '돌봄교실관리 → 프로그램관리' 메뉴에서 수정 후 다시 반영해야 한다.

❸ 입력된 계약 정보는 활동확인서 발급 시 자료로 활용될 수 있고, 계약 기간 및 조건 등을 사전에 반드시 재확인하는 것이 좋다.

> ✓ **잘될 쌤 TIP**
>
> 단순히 강사 인력만 입력한 경우, 강사대장관리에서 조회되지 않으며, 프로그램까지 입력해야 강사 이름이 나타난다.

▶ 잘될 쌤의 강사대장관리 입력 핵심 요약표

항목	내용	유의 사항
기능	외부강사 계약 정보 관리 및 출력	활동확인서 발급 시 활용됨
조회 전 필수 작업	인력관리 등록 + 프로그램관리에서 강사 연결	프로그램 미연결 시 조회 불가
입력 항목	계약일, 계약 기간, 비고 등	강사명·프로그램명은 수정 불가
수정 위치	프로그램명 변경은 프로그램관리에서 가능	강사대장관리 내 수정 불가
비고란 활용	특이사항, 변경 이력 등 메모 가능	활동확인서 전 참고 자료로 사용 가능

6-1 기준관리(강사별강의시간관리)

'강사별강의시간관리'는 외부강사의 주당 시수와 총운영 시수를 관리하고, 외부강사의 강의 시간을 상세히 확인할 수 있다. 돌봄일지 및 활동확인서 발급과 연계되는 메뉴이다.

❶ 프로그램명을 클릭하면 '강의시간 상세' 화면이 열리고, 앞서 입력한 계약 기간을 기반으로 자동 산정된 시수가 표시된다.

❷ 운영 사정에 따라 시수를 조정할 경우, 프로그램명을 클릭해 직접 수정할 수 있으며, 비고란에 변경 사유나 참고 사항을 함께 기록할 수 있다.

❸ 강사 중도 퇴사 시, 강의시간을 삭제하더라도 강사 성함은 사라지지 않으

며, 단지 강좌 기간이 비활성화된 상태로 유지된다는 점도 참고해야 한다.

❹ 총시수와 주당 운영시수는 (돌봄운영관리 → 돌봄일지)에 등록된 프로그램 기준으로 산정되고, 필요할 경우 수정 및 변경하여 저장할 수 있다.

❺ 프로그램이 등록되어 있어도, 돌봄일지가 작성되지 않으면, 프로그램 운영시수도 산정되지 않는다.

▶ 잘될 쌤의 강사별강의시간관리 입력 핵심 요약표

항목	내용	유의 사항
기능	외부강사의 주당 총 시수 관리	활동확인서 시수 기준으로 활용
자동 계산	계약기간 및 일지 등록 기준 자동 산정	누락 시 일지 기준으로만 계산됨
시수 변경	직접 수정 가능 (프로그램명 클릭)	비고란에 변경 사유 기재 권장
강사 퇴사 시	강좌 기간 삭제는 가능	강사 이름은 학기 내 유지됨

6-1 기준관리(알림메시지관리)

'알림메시지관리'는 신청 진행 정보와 출결 관련 메시지를 미리 설정해 두는 기능이며, 문구를 관리하는 메뉴일 뿐 발송 기능은 포함되어 있지 않다.

특히, 괄호로 표기된 시스템 문구는 삭제 또는 수정 시 메시지가 정상 발송되지 않을 수 있으므로, 내용 변경 시 반드시 주의해야 한다.

❶ [조회] 버튼을 클릭하여 알림 메시지 목록을 조회한다. 이 항목들은 나이스 신청 화면에서 직접 확인 가능하다.

❷ 알림문구 설정 화면에서는 [미리보기] 버튼을 통해 실제 발송될 문구 형식을 사전 확인할 수 있으며, '사용여부'를 선택한 후 [저장]을 클릭하면 해당 설

정이 적용된다.

❸ 문구 관리와 수신 설정 여부는 내부 협의 후 검토 설정한다.

> ✓ **잘될 쌤 TIP**
>
> 돌봄신청관리 메뉴에서 학생 신청정보를 등록할 때는 'SMS 수신 동의'와 '알림메시지 수신 동의' 항목에 체크가 되어 있어야 실제로 메시지를 발송할 수 있다.

▶ 잘될 쌤의 알림메세지관리 입력 핵심 요약표

항목	내용	유의 사항
기능	신청·출결 관련 알림문구 사전 설정	발송 기능 아님 (문구 관리용)
괄호 문구	시스템 연동 문구 포함	수정·삭제 시 정상 발송되지 않을 수 있음
수신 동의 항목	SMS 수신 / 알림메시지 수신 체크 필요	신청 시 체크 안 하면 발송 불가
미리보기 기능	실제 발송 형태 확인 가능	확인 후 저장해야 반영됨
저장 반영	사용여부 선택 + 저장 클릭	저장하지 않으면 설정 적용 안 됨

6-2

교실관리(돌봄교실관리)

'돌봄교실관리'는 돌봄구분별 교실을 등록하고 인력을 배정하는 핵심 기능이다. 돌봄교실 학년 초 또는 학기 초에 주로 사용할 수 있다.

❶ 학년도 및 돌봄학기를 선택 후 [조회]를 누르면 현재 운영 중인 교실 목록이 나타나며, 이 항목은 기준관리 → 교실관리/인력관리/돌봄학기 설정이 선행되어 있어야 정상적으로 조회된다.

❷ 새로운 교실을 등록하려면 [등록] 버튼을 클릭하여 아침돌봄, 오후돌봄 등 구분을 설정하고, 운영 시간과 기간을 입력한 후 저장한다.

※ 빨간색 기본정보를 모두 입력해야 저장할 수 있다.

❸ 등록 이후에도 돌봄구분을 선택하면 수정은 가능하지만, 이미 인력 배정·시간표 작성·일지 등록이 이루어진 교실은 삭제할 수 없다.

❹ 돌봄구분은 아침돌봄/방과후돌봄오후/방과후돌봄저녁/방과후연계의 4가지로 고정되어 있으며, 추가 또는 변경이 불가능하다.

❺ 인력 배정은 교실 목록의 [인력배정] 버튼을 클릭하여 인력을 오른쪽으로 이동시키는 방식이며, 배정된 인력은 숫자로 표시된다.
※ 돌봄 인력을 [추가] 버튼을 클릭하여 추가한다.

❻ [학사일정]을 클릭하면 월별 학사일정을 확인할 수 있다.

▶ 잘될 쌤의 돌봄교실관리 입력 핵심 요약표

항목	내용	유의 사항
기능	돌봄교실 등록 및 인력배정	선행 등록 항목 (교실, 인력, 학기) 필수
등록 항목	돌봄구분, 기간, 시간	4가지 구분만 가능 (아침, 오후, 저녁, 연계)
수정/삭제	돌봄구분별 수정 가능 / 일부 삭제 불가	인력배정·일지 등록 시 삭제 불가
인력배정	교실 목록 → 인력배정 클릭 후 이동	숫자로 인력 수 표시됨

6-2 교실관리(프로그램관리)

'프로그램관리'는 돌봄교실에서 운영할 특기·적성 및 단체 활동 프로그램 정보를 등록하고 관리하는 기능이다. 이 항목이 등록되어야 이후 시간표관리 및 일지관리와 연계되어 효율적인 운영이 가능하다.

❶ 프로그램 등록은 [양식 내려받기]를 통해 엑셀 파일로 일괄 입력하거나, [등록] 버튼을 통해 개별 등록할 수 있다.

❷ [양식 내려받기] 클릭 → 서식을 다운로드해 입력한다.
엑셀 업로드 시에는 프로그램명, 무상/유상 여부, 설명만 입력되며, 강사명과 운영주체는 시스템상에서 별도로 입력해야 하므로 반드시 후속 입력이 필요하다.

❸ 프로그램명을 입력하고, 구분(무상/유상), 운영주체(강사/기관 등), 강사명을 지정한 뒤 저장하면 해당 항목이 목록에 추가된다.

❹ [자료올리기]는 작성한 파일을 선택하여 프로그램을 일괄 등록할 수 있다.

❺ 프로그램 모두 등록 후 운영주체 및 인력을 조회하여 선택 후 저장한다.

❻ 프로그램을 수정하고 싶을 때는 운영주체를 선택한 후 입력한 사항들을 수정 및 변경하고 다시 [등록] 버튼을 누른다.

▶ 잘될 쌤의 프로그램관리 입력 핵심 요약표

항목	내용	유의 사항
기능	프로그램 정보 등록 및 관리	시간표/일지관리와 연계됨
등록 방법	엑셀 일괄등록 / 개별 등록 가능	엑셀 업로드 시 강사명 별도 입력 필요
필수 항목	프로그램명, 무상/유상, 설명, 강사명, 운영주체	누락 시 연계 기능 작동 안 됨
활용 팁	많은 프로그램 등록 시 엑셀 방식이 효율적	개별 수정은 시스템 내에서 처리

6-2 교실관리(시간표관리)

'시간표관리'는 돌봄교실별 프로그램 운영 시간을 설정하는 기능으로, 프로그램관리에서 등록된 항목을 기반으로 입력할 수 있다. 돌봄교실 운영에 필요한 시간표를 돌봄교실별로 관리할 수도 있다.

❶ 시간표는 교실 등록 시 설정한 학기별 운영 시간 내에서만 등록 가능하며, 이를 초과한 시간 입력은 제한된다.

❷ 시간표 등록 방법으로는 2가지가 있다. [행추가] 후 직접 입력하거나, 기존 시간표를 복사하는 [시간표 복사] 기능을 통해 등록할 수 있다.

❸ [시간표 복사]를 사용하면 복사 대상 및 복사 위치를 선택해 손쉽게 반복 입

력이 가능하다. 복사는 마우스 우클릭 또는 Ctrl+C/V 기능으로도 가능하다.

❹ [행추가]를 사용한 시간표 등록방법 → [행추가] 클릭 → 프로그램관리에서 등록한 프로그램 선택(또는 단순활동은 수기 입력) → 저장 → 끝.

❺ [시간표 복사]를 통한 입력 방법 등록할 프로그램만큼의 [행추가] → [시간표복사] 클릭 → [조회조건]을 확인 후 [조회] → 복사대상 영역 선택 또는 드래그 → 붙여넣기 → 끝.

❻ 시간표 입력 후, 프로그램 또는 단순활동을 선택하고 저장하면 등록 완료되며, 수정 시에는 다시 클릭 후 내용 변경 → 저장 순으로 진행하면 된다. 삭제는 프로그램명 옆 [X] 표시를 클릭하면 가능하다.

> ✓ 잘될 쌤 TIP
>
> 시간표는 돌봄교실에서 입력한 돌봄 시간의 시작 및 종료 시간 내에서만 입력할 수 있다.

▶ 잘될 쌤의 시간표관리 입력 핵심 요약표

항목	내용	유의 사항
기능	돌봄교실별 운영 시간표 입력	등록된 프로그램 기반으로 입력
등록 제한	돌봄교실 등록 시 정한 시간 내에서만 입력 가능	초과 입력 불가

입력 방법	행추가 / 시간표 복사	복사 시 대상·위치 설정 가능
수정/삭제	하얀 박스 클릭 후 수정 / X 표시로 삭제	저장 버튼 필수

6-2 교실관리(정부24연계관리)

'정부24연계관리'는 학부모가 정부24를 통해 돌봄교실 신청을 직접 진행할 수 있도록 설정하는 기능이다. 이 기능을 활성화하려면, 돌봄교실의 기본정보와 시간표 등록 등 사전 설정이 모두 완료되어야 한다.

❶ 학교는 각 돌봄구분(예: 아침돌봄, 오후돌봄 등)에 대해 '공개' 또는 '비공개' 설정을 할 수 있으며, 이 설정은 내부 협의를 통해 결정 후 저장하면 적용된다. 단, 이미 학부모가 정부24를 통해 신청서를 제출한 경우에는, 해당 구분을 비공개로 전환할 수 없으므로, 공개 여부 결정은 신청 이전에 확정되어야 한다.

❷ 신청서가 들어오지 않은 경우에는 중간에 비공개로 전환이 가능하다.

❸ 정부24에서 접수된 신청 서류는 '신청관리' 메뉴에서 확인 후, 배정 업무로 연계해 처리할 수 있다.

❹ 조회 조건을 입력 후 [조회] 버튼을 클릭한다.

❺ 전송 중 오류 등 발송이 안 될 시에는 [재전송] 버튼으로 활성화되고, 연계 내역을 확인할 수 있다.

> ✓ 잘될 쌤 TIP
>
> 정부24 공개를 활용하기 위해서는 기본정보 관리에서 학교의 기본정보가 등록되어 있어야 활용할 수 있다.

▶ 잘될 쌤의 정부24연계관리 입력 핵심 요약표

항목	내용	유의 사항
기능	정부24를 통한 학부모 신청 연계	학교 설정에 따라 공개 / 비공개 가능
공개 조건	기본정보 / 돌봄교실 / 시간표 등록 선행 필요	미입력 시 연동 불가
공개 설정	돌봄구분별 개별 설정 가능	내부 협의 후 결정 권장
전환 제한	신청서 접수 후에는 비공개 전환 불가	접수 전에는 전환 가능
신청 처리	신청관리에서 확인 후 배정 진행	제출서류 항목은 3세대 기준과 동일

6-3 돌봄신청관리(돌봄교실신청)

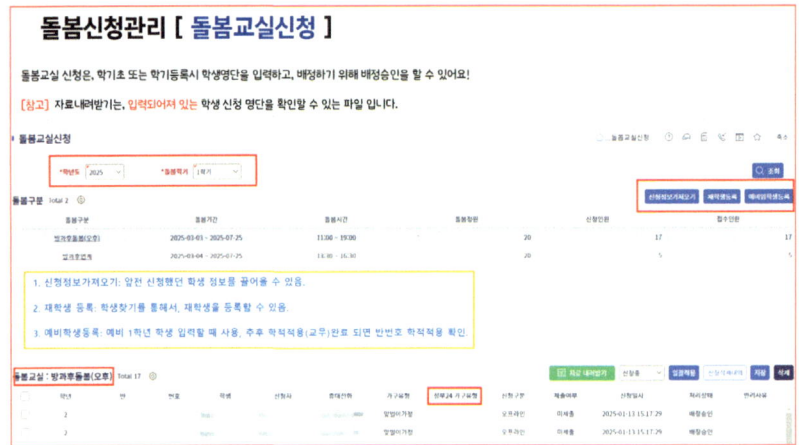

'돌봄교실신청' 메뉴는 학생들의 돌봄교실 이용 신청 정보를 등록하고, 정부24를 통해 접수된 내역도 함께 확인·처리할 수 있는 기능이다. 해당 메뉴에서 신청이 완료되어야, 이후 '학생배정관리' 메뉴에서 배정 승인 및 반별 배정이 가능하다.

❶ 상단에서 학년도와 돌봄학기를 선택한 후 [조회] 클릭한다.

❷ 돌봄구분명을 클릭하면 해당 구분에 대한 신청내역을 확인할 수 있다.

※ 신청 등록 방법은 3가지로 나뉜다.
[재학생등록], [신입생등록], [신청정보가져오기]

❶ 재학생은 [재학생등록]으로 '학생찾기'를 통해 입력 가능하다. 재학생의 경우, 학생찾기는 해당 학년도 기준으로 조회되며, 증빙서류 첨부 항목은 선택한 가구유형에 따라 자동으로 달라진다.

↳① [학생찾기] 클릭하여 학생 이름을 입력한다.

↳② 해당 학생의 가구유형, 돌봄선택, 희망귀가방법, 귀가시간, 보호자 필수 입력을 입력한다.

↳③ 증빙 서류 등을 등록하고 첨부 관련 서류를 제출한 경우 제출 체크 박스를 체크하고 [저장] 버튼을 누른다.

↳④ 신청등록에 잘 반영되었는지, 돌봄교실 신청등록 [조회]를 눌러 확인한다.

❷ 신입생(예비학생)은 별도로 정보를 직접 입력해 등록해야 한다.

↳① 신청한 학생의 이름과 생년월일, 가구유형, 돌봄선택 등 필수 입력 사항을 입력한다.

↳② 증빙 서류 등을 등록하고 첨부 관련 서류를 제출한 경우 제출 체크 박스를 체크하고 [저장] 버튼을 누른다.

↳③ 신청등록에 잘 반영되었는지, 돌봄교실 신청등록 [조회]를 눌러 확인한다.

↳④ 신입생 학적적용은 추후 교무학적적용이 나이스에 반영되면, 해당 학생들의 반별 반영 여부를 확인할 수 있다.

❸ [신청정보가져오기] 기능은 과거 3세대 나이스 기준관리 메뉴의 '이전자료복사' 기능과 동일하다.

↳① 학년도, 돌봄학기, 돌봄구분을 선택하고 [조회]를 누른다.

↳② 기존 신청 내역이 있는 경우 불러와서 반영할 수 있고, 신청 정보가 없는

경우에는 직접 재학생등록으로 입력하면 된다.

신청정보를 가져오더라도 학생 누락이나 가구유형 등 변경 사항이 있는지 반드시 재확인이 필요하다.

↳ ③ 입력된 신청 정보는 이후 배정 및 일지관리, 출결관리 등과 연동되고, 신청한 학생 이름을 클릭하면 내용을 수정할 수 있다.

❹ [자료내려받기]를 클릭하면, 돌봄교실을 신청한 학생들의 파일을 확인할 수 있다.

> ✓ **잘될 쌤 TIP**
>
> 배정승인이 완료된 후 학생 정보를 수정하고 싶다면, [돌봄배정관리 → 학생배정관리]에서 수정 및 변경이 가능하다.

▶ 잘될 쌤의 돌봄신청관리 입력 핵심 요약표

항목	내용	유의 사항
기능	학생 돌봄 신청 등록 및 정부24 접수 처리	배정관리 연동 필수 단계
입력 방법	재학생: 학생찾기 / 예비학생: 직접입력	학년도 기준으로 조회됨
신청정보 가져오기	3세대 '이전자료복사' 기능과 동일	학기·구분 정확히 선택 후 조회
자동 항목	증빙서류 첨부 항목은 가구유형에 따라 자동 반영	유형 변경 시 내용도 바뀜
유의 사항	가져온 정보라도 누락·변경 여부 확인 필수	잘못 반영 시 배정 오류 가능

6-3 돌봄신청관리(제출서류관리)

'제출서류관리'는 돌봄교실 신청 시, 학생이 제출해야 할 서류의 등록 여부를 확인하는 기능이다. 해당 메뉴에서는 앞서 등록된 학생의 가구유형별로 자동 설정된 제출서류 항목을 기준으로 서류 제출 여부를 일괄 또는 개별적으로 확인하고 체크할 수 있다. 신청 학생을 등록할 때 가구유형에 따라 필요한 서류가 달라지며, '제출서류관리' 메뉴에서도 동일하게 가구유형에 따라 선택 가능한 제출 항목이 자동으로 설정된다.

❶ 상단에서 학년도와 돌봄학기를 선택 후 [조회]를 누른다.

❷ 신청구분, 제출여부, 학생 성명 등 다양한 기준으로 서류 현황을 [조회]할 수 있다.

❸ 제출 여부의 수정 시 체크 박스를 선택하고 [저장] 버튼을 눌러 수정한다.

❹ 정부24를 통해 온라인으로 신청된 경우, 동의서류 등 일부 항목은 별도 등록 없이, 돌봄교실 배정이 완료된 후 체크한다.

❺ [전년도신청정보] 삭제는 신청학생 개인정보를 삭제할 수 있다.
↳① 삭제할 학년도를 선택 입력하고 [확인] 버튼을 클릭한다.
↳② 신청학생 개인정보를 삭제하고 [닫기]를 누른다.

> ✓ 잘될 쌤 TIP
>
> 현장에서는 대부분 증빙서류만 등록하고, 동의서는 배정 이후 일괄 체크하는 방식이 효율적이다. 따라서 신청 직후 바로 등록하지 않고, 배정 이후 일괄 확인 및 체크하는 절차를 추천한다.

▶ 잘될 쌤의 제출서류관리 입력 핵심 요약표

항목	내용	유의 사항
기능	신청 학생 제출서류 등록 현황 확인	가구유형별 항목 자동 설정
등록 기준	학생 신청 시 선택한 가구유형 기준	서류 항목 자동 분기됨
조회 방법	학년도·학기 선택 후 조회	신청구분, 제출여부, 성명별 조회 가능
정부24 신청 시	동의서 등 일부 항목은 배정 후 체크만 가능	등록 없이 체크 처리 가능
실무 팁	증빙서류 등록 후, 동의서는 배정 후 일괄 체크 권장	신청 직후 등록할 필요 없음

6-3 돌봄신청관리(SMS전송관리)

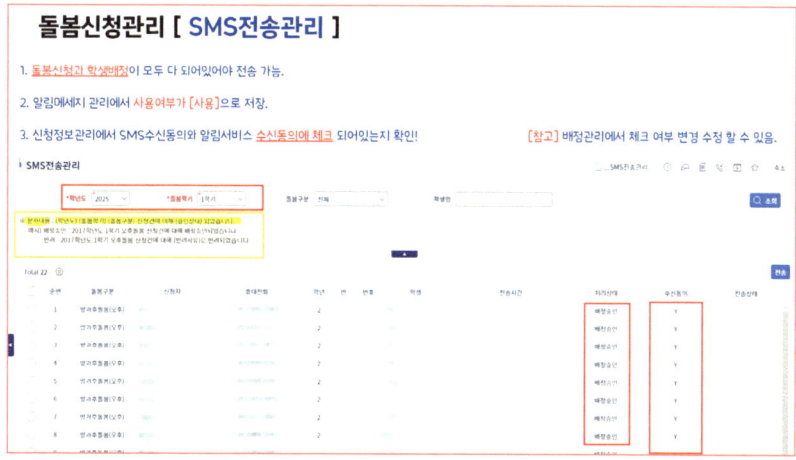

'SMS전송관리'는 돌봄교실 신청과 관련된 처리 결과를 문자로 발송하고, 전송 내역을 확인할 수 있는 기능이다.

❶ 화면 상단에서 학년도와 돌봄학기를 선택 후 [조회]한다.

❷ SMS를 전송할 대상자를 선택한 뒤 [전송] 버튼을 클릭하면, 즉시 발송이 이루어진다.

❸ 전송 상태가 '전송중' 또는 '전송완료'인 경우에는 재전송이 불가능하며, SMS 수신동의 항목에 체크가 되어 있지 않다면 전송 자체가 불가능하다. 따라서 발송 전에 수신동의 여부와 전송 상태를 반드시 확인한 후 진행하는 것이 중요하다.

> ✓ **잘될 쌤 TIP**
>
> ✦ 전송을 위해서는 해당 학생이 신청정보에 등록되어 있어야 하며, 예비 학생도 SMS 발송이 가능하다.
> ✦ [신청자명]을 클릭하면 해당 학생의 SMS 전송 내역도 함께 확인할 수 있다.

▶ 잘될 쌤의 SMS전송관리 입력 핵심 요약표

항목	내용	유의 사항
기능	신청 결과 문자(SMS) 전송 및 내역 확인	즉시 발송 방식
전송 대상	신청정보 등록된 학생 (예비학생 포함)	SMS 수신동의 체크 필수
전송상태	전송중 / 전송완료 시 재전송 불가	상태 확인 후 진행 필요
내역 확인	신청자명 클릭 시 전송 내역 확인 가능	개별 확인 방식

6-3 돌봄신청관리(알림서비스전송내역)

'알림메시지전송내역'은 돌봄교실 운영 중 발송된 알림메시지를 확인할 수 있는 메뉴로, 해당 항목은 메시지를 실제 발송한 경우에만 기록이 생성된다.

❶ 먼저 '돌봄운영관리 → 출결관리' 메뉴에서 출결정보를 저장한다.

❷ 출결관리 화면의 [알림메시지 발송] 버튼을 통해 발송 절차를 진행해야 한다.

❸ 해당 메시지는 학적정보가 적용된 정식 등록 학생에게만 발송 가능하다.

❹ 기준관리 → 알림메시지관리 메뉴에서 [사용여부] 항목에 '알림서비스'로

설정된 항목만 발송 대상이 된다.

> ✓ **잘될 쌤 TIP**
>
> 메시지를 발송하지 않은 경우에는 이 메뉴에서 전송 내역이 조회되지 않는다. 따라서 발송 여부 및 설정 여부를 반드시 확인하고 활용해야 한다.

▶ 잘될 쌤의 알림서비스전송내역 입력 핵심 요약표

항목	내용	유의 사항
기능	발송된 알림메시지 내역 확인	발송하지 않으면 내역 없음
발송 조건	출결정보 저장 후 출결관리 → 알림메시지 발송 클릭	학적 등록된 학생만 가능
설정 조건	기준관리 → 알림메시지관리의 '알림서비스' 사용 여부 체크	체크되지 않으면 발송 불가
확인 방법	전송 후에만 내역 조회 가능	사전 설정 필수

6-4 돌봄배정관리(학생배정관리)

'돌봄학생배정관리'는 신청 및 승인 완료된 학생들을 각 돌봄교실로 배정하고, 교실 이동·중도퇴실 등의 변경 사항을 관리할 수 있는 메뉴이다. 해당 메뉴에서 학생 배정이 완료되어야만, 하위 메뉴인 '돌봄운영관리' 관련 기능들을 사용할 수 있다.

❶ 학년도와 돌봄학기를 선택하고 [조회]를 누르고, 해당 학기의 등록된 돌봄교실 목록을 확인한다.

❷ 배정할 반을 선택하면 신청 완료된 학생 명단이 나타나며, [배정]을 클릭하여 배정대기 인원을 반으로 옮긴다.

❸ 적용일자와 배정구분을 선택한 후 [저장]하면 배정이 완료된다.

❹ [학적적용] 기능은 학기 초 예비학생 등록 후 실질적으로 많이 사용되는 기능이다. 교무학적정보가 적용되어 있어야 초등돌봄에서도 학적적용이 가능하며, 이름이나 생년월일의 띄어쓰기 오류 등이 없는지 적용 전 반드시 확인이 필요하다.

❺ [교실이동]은 한 명씩만 가능하며, 중도취소 또는 중도퇴실 학생이거나, 출결이 등록된 날짜의 경우에는 교실 이동이 불가능하므로 이동이 필요한 경우 사전에 조정이 필요하다.

❻ [자료 내려받기]를 통해 학생 배정 현황을 엑셀 파일로 출력해 보관하거나 공유할 수 있다.

❼ 학생별 교육비 지원구분 변경도 이 메뉴에서 가능하다. 교육비지원 구분은 담당자의 협조를 얻어 선택하고 입력한다.

> ✓ **잘될 쌤 TIP**
>
> 학생 명단 화면의 [방과후 수강] 항목은 방과후 담당자 또는 관련 교원이 입력한 데이터가 있어야 활성화되며, 입력된 경우에는 해당 학생이 방과후 어떤 수업을 수강하는지 확인 가능하다. 돌봄 담당자가 입력하는 항목이 아니므로, 관련 부서의 협조가 필요하다.

▶ 잘될 쌤의 학생배정관리 입력 핵심 요약표

항목	내용	유의 사항
기능	신청 승인된 학생을 돌봄교실에 배정 및 관리	배정 완료 후 운영메뉴 사용 가능
필수 선행조건	신청완료 + 배정승인 완료 상태	미승인 학생은 배정 불가
교실 이동	한 명씩만 가능, 출결 등록된 날짜 이동 불가	중도퇴실·취소자는 이동 불가
학적적용	교무학적 완료 후 가능	띄어쓰기 오류 등 확인 필요
출력 기능	자료 내려받기 통해 엑셀 출력 가능	업무기록 및 공유 시 활용
교육비 지원	구분 변경 및 수정 가능	실시간 확인 가능
방과후 수강	방과후 담당자 입력 시 활성화	돌봄 담당자 입력 불가, 협조 필요

6-4 돌봄운영관리(급간식메뉴관리)

급간식메뉴관리는 돌봄교실별 급간식 일정을 체계적으로 관리하는 기능으로, 메뉴를 날짜별 또는 반별로 등록하고, 특이사항을 확인하는 데 활용된다. 가장 일반적인 등록 방식은 [양식 내려받기] 후 일괄 등록하거나, 날짜를 개별 선택해 [단일 등록]하는 방법이다.

❶ 양식 내려받기 후 일괄 등록하기
  ↳ ① [양식내려받기]를 선택해 양식을 다운로드한다.
  ↳ ② 다운한 양식에 급간식 내용을 작성한 후 [자료올리기]를 통해 저장한다.

❷ 날짜 개별 선택 단일 등록하기
  ↳ ① 입력하고자 하는 해당 날짜를 선택한다.

↳ ② 메뉴를 입력하고, [저장]한다.

❸ 메뉴 등록 시 기준단가를 입력하면, 자동으로 상단 '1인당 월 총금액' 항목에 총금액이 반영된다.

❹ 이미 등록한 메뉴는 전체 삭제 또는 특정 일자만 선택해서 수정이나 삭제할 수 있다. 단, 이미 작성된 일지나 보존식에 등록된 일자의 메뉴는 삭제 또는 수정이 불가하므로, 사전 확인이 필요하다.

❺ 학생의 알레르기나 특정 질병 등 급간식과 관련된 특이사항은 돌봄신청관리 → 학생등록 단계에서 입력해야 한다.

> ✓ 잘될 쌤 TIP
>
> 최근 통합간식 참여학교의 경우, 업체에서 메뉴 양식을 나이스에 업로드 가능한 형태로 제공하는 사례가 늘어나고 있어, 해당 양식을 직접 등록하여 사용하는 방식이 추천된다.

▶ 잘될 쌤이 급간식메뉴관리 입력 핵심 요약표

항목	내용	유의 사항
등록 방법	날짜개별등록 또는 파일을 통한 일괄등록	한셀 권장(오류 적음)
총금액 입력	1인당 월 총금액 자동 반영	급간식 기준단가 항목에 정확히 입력

삭제 기능	전체 삭제 또는 선택 삭제 가능	보존식 또는 일지에 등록된 날짜는 삭제·수정 불가
특이사항 확인	학생 등록 시 입력된 알레르기 등 정보 확인 가능	입력은 '신청관리 → 학생등록'에서 해야 함

6-4
돌봄운영관리(출결관리)

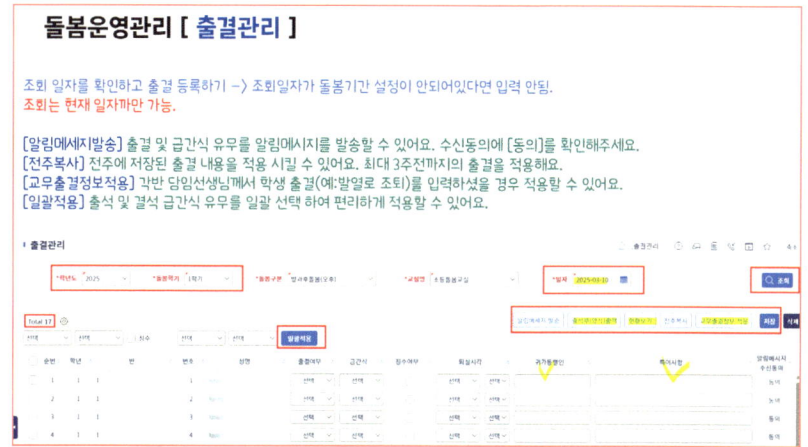

'출결관리'는 돌봄교실 운영 중 가장 자주 활용되는 기능 중 하나로, 학생의 출결 상태, 급간식 섭취 여부, 징수 대상 여부 등을 종합적으로 관리할 수 있다.

출결 정보가 등록되어 있어야 일지 작성이 가능하므로, 매일 정확한 내용을 입력하여야 한다. 출결 입력은, 신청 및 배정이 완료된 경우 가능하다.

출결은 당일 포함 이전 날짜만 입력 가능하며, 미래 날짜는 미리 입력할 수 없다. 특히 급간식 징수 여부는 출결 여부와 무관하게 체크 시 정산 대상에 포함되므로, 결석한 학생의 환불 여부는 근무 학교의 환불 규정을 기준으로 판단해야 한다.

❶ 학년도, 돌봄학기, 교실을 선택 후 학생 목록을 [조회]한다.

❷ 학생별 출결(입실 및 하교 시간)과 급간식 섭취 여부를 선택한 후, 확인하여 [저장]을 누른다.

❸ [전주복사]을 선택하면, 전주에 저장된 출결내용이 저장된다.
전주내용이 없으면, 돌봄교실 신청에서 등록된 정보로 입력된다.

❹ [일괄등록]은 학생 여러 명을 한 번에 선택하여, 출결사항이나 입실 및 하교 시간 적용할 때 편리하게 활용할 수 있다. 적용 후 반드시 [저장]을 누른다.

❺ [교무출결정보 적용]은, 담임교사가 입력한 출결 정보를 돌봄 출결에 자동 반영할 수 있다. 다만, 교무 출결이 입력되지 않은 경우에는 적용되지 않으므로 사전 확인이 필수이다.

❻ [출결정보삭제]는 학생을 선택한 후 [삭제] 버튼을 누른다. 출결 정보만 삭제되고 학생 정보는 삭제되지 않는다.

❼ [현황보기]는 해당 월의 출결 정보를 파일로 한눈에 확인 및 출력하여 활용할 수 있다.

❽ [출석부(양식)출력]을 누르면, 출석부 양식을 출력할 수 있다.

❾ [알림메세지발송]은 선택한 학생의 학부모에게 출결내용의 알림메세지가 발송된다. 단 학부모가 나이스 사용자로 등록이 되어 있어야 가능하고, 돌봄교

실 신청에서 알림서비스 수신 동의가 되어 있어야 한다.

> ✓ **잘될 쌤 TIP**
> 중도 취소나 퇴실된 학생들은 적용된 날짜부터 출결 목록에서 조회되지 않는다.

▶ 잘될 쌤의 출결관리 입력 핵심 요약표

항목	내용	유의 사항
출결 입력 가능일	오늘 포함 이전 날짜만 입력 가능	미래 날짜는 입력 불가
급간식 징수 여부	출결과 무관하게 '징수 체크' 시 정산 대상 포함	결석자 환불 여부는 학교 규정 기준 적용
전주복사 기능	전주의 출결, 간식, 하교시간까지 복사 가능	복사 후 내용 반드시 재확인
교무 출결 연동	담임이 입력한 출결정보 자동 적용 가능	교무 출결 미입력 시 반영 안 됨
일괄 적용 항목	출결상태, 간식 섭취 여부, 하교시간 등	전체 또는 개별 적용 후 반드시 저장
학생 조회 조건	신청 및 배정 완료된 학생만 조회 가능	신청관리 및 배정관리 선행 필요

6-5
돌봄운영관리(일지관리)

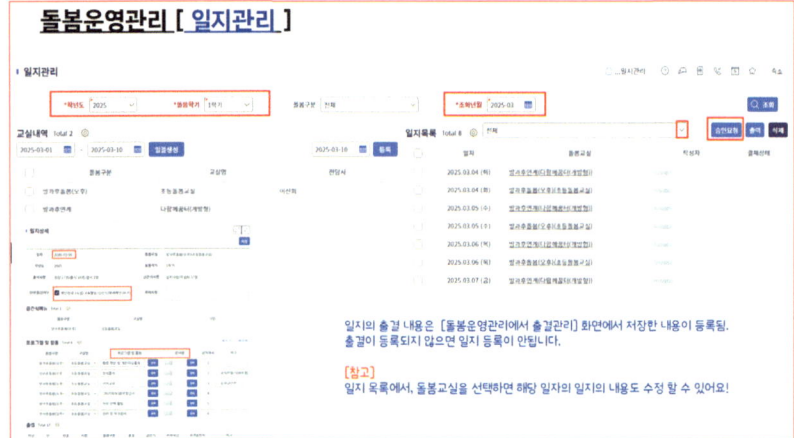

'일지관리'는 하루 단위로 학생들의 활동, 출결 상황, 급간식 섭취 여부 및 특이사항을 기록하는 기능으로, 출결관리와 연동되며 실시간 기록과 이후 관리에 필수적인 업무 중 하나다. 일지를 작성하려면 반드시 해당 날짜의 출결정보가 먼저 등록되어 있어야 한다.

❶ 교실을 선택한 후 [등록]을 클릭한다.

❷ 일지 상세 화면이 열리면, 정원, 출석/결석 인원, 급간식 섭취 인원, 특이사항 등을 입력한다.

❸ 앞서 시간표관리에서 등록한 프로그램도 함께 확인된다. 만약 시간표가 등

록되어 있지 않거나, 특정 일자의 프로그램을 별도로 입력하고자 할 경우에는 [행추가]를 눌러 직접 입력할 수 있다. 또한 [검색 기능]을 활용해 기존 프로그램 중 원하는 활동명을 찾아 선택할 수 있으며, 하얀색 체크 박스를 통해 수정·삭제·복사 등도 간편하게 처리할 수 있다.

❹ '안전점검 여부'까지 확인하고 체크 후 [저장]한다.

❺ 작성된 일지는 [일지목록]에서 언제든지 확인 가능하며, 다른 반의 일지 또한 열람할 수 있다.
단, 타 반 일지를 열람 후 실수로 저장 버튼을 누르면 작성자가 변경되므로, 참고 시에는 저장 없이 확인만 해야 한다.

❻ 작성한 일지는 [승인요청]을 통해 결재 상신한다.
↳ ① 해당 반의 일지를 선택한 후 결재자를 지정 후 상신한다.
↳ ② 결재자를 지정하여, [승인요청]을 누른다.
결재 빈도는 학교마다 다르며, 매일 혹은 주간 또는 월말 등 관리자와의 협의를 통해 결정하면 된다.

> ✓ **잘될 쌤 TIP**
>
> 안전점검 여부 체크 기능이 신설되었지만, 안전점검 항목과 내용이 구체적이지 않으므로, 내부 협의를 통해 세부 항목을 반영해 기록하는 것을 추천한다.
> 일지는 단순 기록 이상의 자료로, 정기 점검 시 감사 근거로 활용될 수 있으므로, 출결관리와 함께 나이스를 통해 정리하는 것을 추천한다.

▶ 잘될 쌤의 일지관리 입력 핵심 요약표

항목	내용	유의 사항
입력 조건	출결이 등록된 날짜만 일지 작성 가능	출결 미등록 시 일지 작성 불가
입력 항목	정원, 출석 / 결석 인원, 간식 섭취 여부, 특이사항 등	시간표 미등록 시 '행추가'로 수동 입력
프로그램 연동	시간표관리 등록 시 자동 연동	프로그램명 직접 검색 및 선택 가능
안전점검 체크	체크박스 항목 생성됨	세부 항목은 내부 협의 후 작성 권장
승인 요청	해당 반 일지를 선택 후 결재자 지정·상신	학교별 결재 주기 (일·주·월) 상이
기타 주의사항	타 반 일지 열람 후 저장 시 작성자 변경됨	참고만 하고 저장은 하지 않도록 주의

6-5 돌봄운영관리(보존식관리)

'보존식관리'는 식중독 사고 등 돌봄교실 내 급간식 제공과 관련한 위생 사고에 대비하기 위한 중요한 절차이다.

2024년 나이스 개편으로 새롭게 보존식 관리 기능이 추가되었으며, 급간식 메뉴 등록과 연동되어 메뉴 조회 및 보존식 등록을 간편하게 처리할 수 있다.

보존식은 대부분 완제품 기준으로 제공되므로, 별도의 조리 없이 원형 그대로 냉동(-18도 이하) 보관해야 하며, 채취일 기준 144시간 경과 후 폐기하는 것이 원칙이다.

언제, 어떤 사고가 발생할지 모르기 때문에 보존식 기록과 위생 보관은 실무자의 책임 있는 관리가 요구된다.

❶ 학년도, 돌봄학기, 입력할 년·월을 선택한 뒤 [조회]를 누른다.

❷ [급간식메뉴관리]에서 급간식 메뉴를 입력하면, 해당 돌봄 기간에 등록된 급간식 메뉴가 자동으로 조회된다.

❸ [등록] 버튼을 누른 후, 날짜와 기준교실을 확인하고 [조회]를 누른다.

❹ 채취일시와 시간을 수정 및 변경할 수 있고, 채취일시를 수동으로 변경 시 폐기일시는 144시간 이후의 시간으로 자동 변경된다.
변경 후 [저장]을 누른다.

❺ [출력]을 누르면, 입력된 보존식 기록표를 출력할 수 있다.

> ✓ 잘될 쌤 TIP
>
> 출력 기능으로 보존식 기록지 인쇄가 가능하지만, 여백 조정이 어려워 캡처 후 워드나 한글에 삽입해 사용한다. 한 페이지로 편집하거나 이미지로 붙이는 등 학교별로 다양하게 활용할 수 있다.

▶ 잘될 쌤의 보존식관리 입력 핵심 요약표

항목	내용	유의 사항
등록 대상	급간식 메뉴 입력된 날짜 기준	메뉴 미등록 시 보존식 입력 불가

기본 입력 항목	채취일시, 단가, 거래처, 간식명, 비고 등	시간 입력 시 폐기일 자동 계산
보관 기준	냉동고 보관(-18도 이하), 144시간 후 폐기	완제품 그대로 채취·보관 권장
출력 방법	나이스 내 출력 기능 활용	여백 편집 불가, 캡처 방식 실무 활용 가능

6-5 돌봄운영관리(활동확인서관리)

'활동확인서관리'는 초등돌봄교실 및 방과후학교 외부강사의 활동 내역을 증명할 수 있는 기능으로, 관련 서류를 자동 출력할 수 있도록 지원한다. 이 기능을 사용하려면 다음 두 가지 정보가 먼저 나이스에 정확히 등록되어 있어야 한다.

❶ 기준관리 → 강사대장관리: 강사의 계약정보 입력
❷ 강사별 강의시간관리: 강의시간 저장

활동확인서 등록 및 출력 절차

❶ [등록] 버튼을 누르면, 외부강사의 인적사항 입력 창이 나타난다.

❷ [찾기] 버튼을 누른 후, 인력관리에서 이미 등록된 강사일 경우, 성명 검색 후 선택하면, 자동으로 생년월일이 채워진다.

❸ 주소는 도로명 주소 또는 간략 주소를 직접 입력한다.

❹ [저장] 후 승인/반려 처리는, 승인된 강사에 한해 활동확인서 출력이 가능하다. 반려 시 사유를 입력할 수 있다.

❺ [발급] 클릭 시 출력화면 표시가 되고, 확인서에는 학교장 직인란이 포함되어 있어, 필요시 행정실을 통해 날인 후 활용할 수 있다.

❻ 수기발급 메뉴는 실제 발급용이 아닌 '발급번호 채번'만을 위한 기능이다. 출력 기능은 비활성화되어 있으므로, 성명/주민번호를 수기로 기입하고 기록용도로만 사용해야 한다.

> ✓ **잘될 쌤 TIP**
>
> 시간은 '일지'에 등록된 프로그램 기준으로 자동 연동된다. 강사가 '일지'에 누락되면 잘못된 정보로 출력될 수 있으므로, 각 반 일지에 프로그램명이 정확히 입력되어있는지 확인해야 한다.

▶ 잘될 쌤의 활동확인서관리 입력 핵심 요약표

항목	내용	유의 사항
기본 조건	강사대장 계약정보, 강의시간 저장 필수	미등록 시 발급 불가

등록 방법	강사 정보 입력	인력관리 등록 또는 인적사항 입력 후 저장
발급 절차	저장 후 승인, 발급 클릭	활동확인서내용 확인
수기 발급 메뉴	발급번호 채번용 (출력 불가)	경력증명서용, 등록·승인 필요
출력 양식	활동확인서 양식, 학교장 직인 포함	학교별 양식 사용 가능

6-6 회계관리(강사료관리)

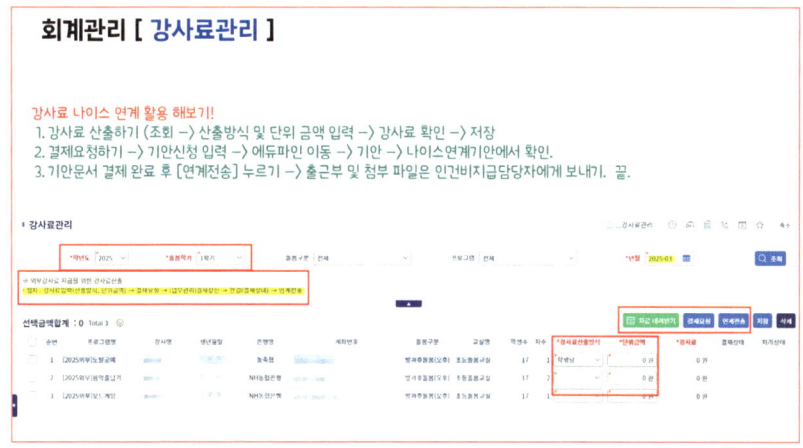

'회계관리(강사료관리)' 기능을 통해 초등돌봄교실 단체 프로그램 외부강사의 강사료를 나이스 시스템으로 직접 지급 요청하고 내역을 관리할 수 있다. 이는 기존 에듀파인 품의서 작성 없이 전산으로 처리할 수 있는 기능으로, 정산의 투명성과 업무 효율성을 높인다.

1) 나이스 강사료 업무 전 사전 준비

초등돌봄교실 강사료를 나이스 시스템으로 처리하기 위해서는 행정실과 관리자와의 사전 협의가 반드시 필요하다. 나이스에서 강사료를 결재 요청하면, 실제 지출 처리는 행정실의 K-에듀파인 시스템을 통해 이루어지기 때문이다. 특히 세출 예산이나 인건비 지급과 관련된 업무는 행정실 담당자가 맡고 있으므로, 강사료 연계 진행 전에 다음 사항을 미리 조율해야 한다.

협조 요청 대상

강사료 업무에 협조해야 하는 담당자는 다음과 같다.

↳ 행정실 주무관(세출 담당)

↳ 인건비 담당 실무자

협의 시 유의할 점

행정실장뿐 아니라 업무 담당자(주무관)와의 업무 협조가 원활해야 추후 착오나 갈등 발생을 예방할 수 있다. 아직까지는 나이스 강사료 연계 기능을 사용하지 않고 기존 에듀파인 품의서 방식으로 처리하는 학교가 많다. 학교마다 업무 방식이 다를 수 있으므로, 학교 내부 상황을 확인하고 결정한다. 가능하면 나이스 연계 방식을 활용해 강사료 업무를 처리해 보는 것을 추천한다. 나이스를 활용하면 투명한 정산이 가능하고 업무 절차도 간소화할 수 있기 때문이다.

2) 강사료 처리 절차

❶ 학년도, 돌봄학기 등 확인 후 [조회]를 누른다.

❷ 강사료 산출 방식(학급, 차시, 정액 중 선택)과 단위금액을 입력하면, 강사료가 자동 산정되어 표시된 것을 확인한 후 [저장] 버튼을 누른다. 일지에 등록된 프로그램과 강사 정보가 일치하지 않으면 강의시간이 누락되거나 강사료 산출이 잘못될 수 있으므로, 사전에 확인이 필요하다.

❸ 강사를 선택하고 [결재요청]을 누르고, 기안 신청을 누른다.

❹ 에듀파인 → 업무관리 → 기안 → 나이스연계기안 → 기안을 상신한다(결재 라인은 내부 협의 후 근무 학교에 따른다).

❺ 기안문서의 결재가 완료되면, 다시 나이스에서 [연계전송]을 눌러, 에듀파인 연계 전송한다.

❻ 연계전송이 완료되면, 행정실에서는 K-에듀파인 업무관리 메뉴에서 신청 내역을 확인하고, 지출 기안 및 결재를 통해 강사료를 지급한다.

> ✓ **잘될 쌤 TIP**
>
> 강사료 결재 요청 전에는 강사 성명, 프로그램명, 차시 수, 단가 등이 정확하게 입력되었는지 반드시 확인한다. 일지에 등록된 프로그램과 강사 정보가 일치하지 않으면 강의 시간이 잘못 계산될 수 있다. 또한 강사료 지급 신청이 완료된 이후에는 수정이나 재신청이 불가능하므로, 전송 전에 최종 확인이 필요하다.

▶ 잘될 쌤의 강사료관리 입력 핵심 요약표

순	구분	절차 설명
1	강사료 입력	산출 방식 선택 → 차시 수·단가 입력 → 전체 선택 후 저장
2	결재 요청	강사료 확인 → 결재 요청 및 기안 상신
3	에듀파인 기안 작성	에듀파인 업무관리 기안 작성 및 결재 요청
4	연계 전송	결재 완료 후 나이스에서 연계 전송 실행
5	지급 처리	행정실에서 강사료 지급 처리

회계관리(급간식비징수관리)

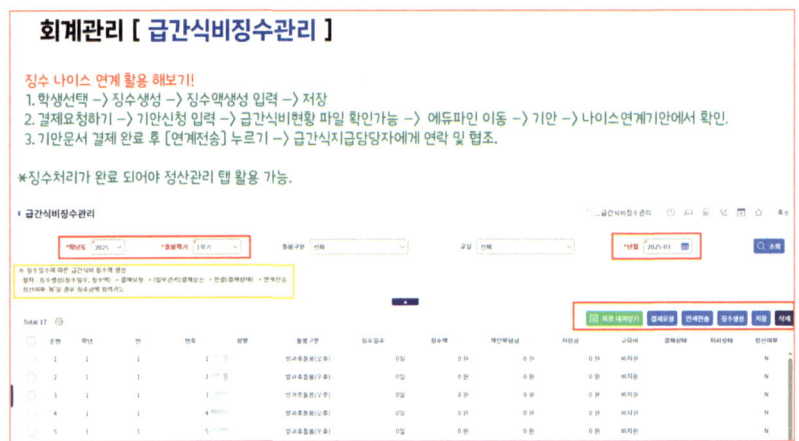

'급간식비징수관리'는 초등돌봄교실 출결 기록과 연동하여 나이스에서 처리된다. 학생별 징수 금액을 자동으로 산출하고, 에듀파인 연계를 통해 결재까지 완료할 수 있다.

이 과정은 별도의 품의서 작성 없이도 진행할 수 있으며, 돌봄전담사가 행정실과 협의한 후 나이스에서 징수 금액 산출과 결재 요청을 완료하고, 이를 에듀파인으로 연계 전송하여 최종적으로 업무를 마무리한다.

1) 사전 준비 사항

급간식비 징수를 전산으로 처리하려면 행정실과 다음 사항을 사전에 협의해야 한다.

- 징수 관리 및 결재 요청 권한 확인
- 학교별 에듀파인 처리 방식 확인(품의서 사용 여부 등)
- 나이스와 에듀파인 간 연계 여부 및 업무 분담 조율

2) 급간식비 징수 관리 절차

나이스에서 급간식비를 처리하는 절차는 다음과 같다.

❶ 학생 선택 및 징수 금액 산출
학년도, 돌봄학기 등 확인 후 [조회]를 누른다. 출결 및 간식 섭취 여부가 입력된 학생을 선택한 뒤, 징수 항목과 차시 수, 단가를 입력하면 학생별 급간식비가 자동으로 계산된다. 계산된 금액은 목록에 적용하여 저장한다.

❷ 금액 확인 및 저장
산출된 징수 금액을 확인하고, 오류가 없으면 저장하여 목록에 반영한다. 금액이 잘못 입력되었을 경우, 해당 학생을 삭제 후 다시 산출·적용해야 한다.

❸ 자료 다운로드(선택 사항)
필요시 징수 내역을 엑셀, 한셀 등으로 내려받아 확인할 수 있다.

❹ 결재 요청 후 에듀파인 업무관리 나이스 연계기안에서, 해당 기안 상신을 상신한다.

❺ 결재가 완료되면, 나이스에서 연계 전송하여 마무리한다.

❻ 지출 처리

행정실에서는 에듀파인에 연계된 내용을 확인한 뒤, 이후 행정실에서 징수처리를 완료하면 다음 단계인 정산관리로 넘어갈 수 있다.

> ✓ **잘될 쌤 TIP**
> + 급간식비 징수 관리에서는 출결 기록과 징수 항목 설정을 정확히 확인해야 한다. 출결 관리에서 간식 섭취 여부를 누락하면 징수 생성 대상에서 제외되므로, 출결 저장 전에 반드시 징수 여부를 확인한다.
> + 교육비 지원 대상 학생은 자동 면제 처리된다. [돌봄학생배정관리] 메뉴에서 해당 학생의 지원 여부를 '예'로 지정해야 징수에서 제외된다.
> + 에듀파인 연계는 결재 상태가 '완결'이어야 가능하며, 결재 완료가 아닌 문서는 연계 기안 목록에 나타나지 않는다.
> + 연계 전송 후 금액 오류가 발생하면 나이스에서는 수정이 불가능하다. 이 경우 담당자와 소통하고 상의하여 별도의 내부기안을 작성하고, 행정실에서 원인행위 처리 방식으로 조치해야 한다.
> + 징수 금액이 반영되지 않을 경우, 출결 기록에서 간식 섭취 여부 누락 여부를 우선 확인한다.

▶ 잘될 쌤의 급간식비징수관리 입력 핵심 요약표

순	구분	절차 설명
1	징수 금액 산출	학생 선택 → 급간식 항목·인원 수·단가 입력 → 징수 금액 자동 산출 및 적용
2	결재 요청	징수 내역 확인 → 결재 요청 및 기안 상신

3	에듀파인 (나이스 연계)	에듀파인 업무관리에서 나이스 연계기안 작성 및 결재 요청
4	연계 전송	결재 완료 후 나이스에서 연계 전송 실행
5	징수 처리	행정실에서 징수 내역 확인 후 징수 처리

회계관리(급간식비정산관리)

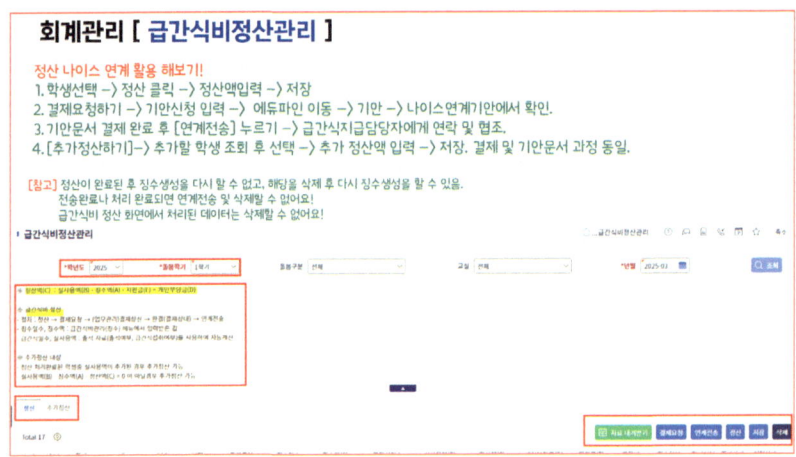

'급간식비정산관리'는 돌봄교실에서 실제로 제공한 급간식에 대해 학생별 징수 내역을 기준으로 정산 금액을 계산하고, 이를 에듀파인으로 연계하여 품의 및 지출 요청까지 마무리하는 단계이다. 나이스 내에서 일련의 정산 절차가 완료되면, 행정실을 통해 실제 수납 및 지출 처리가 이루어진다. 이 업무는 기존의 간식 품의서를 대체하는 전산 기반 처리 방식으로 이해하면 된다.

1) 사전 준비 사항

행정실에서 전 태그인 징수처리를 완료해야 정산관리에서 정산업무를 나이스로 할 수 있다.

2) 급간식비정산관리 절차

나이스에서 급간식비정산을 처리하는 절차는 다음과 같다.

❶ 학년도, 돌봄학기 등 조회 조건을 설정하고 [조회]를 누른다. 출결 및 간식 섭취 여부가 입력된 학생을 선택한 뒤, 학생별 징수 금액과 간식 제공 일수, 단가를 기준으로 [정산] 버튼을 누르면 금액을 자동 계산한다. 계산된 금액은 목록에 적용하여 [저장]한다.

❷ 산출된 정산 금액을 확인하고, 오류가 없으면 저장하여 목록에 반영한다. 금액이 잘못 입력된 경우, 해당 학생을 [삭제]한 후 다시 [정산] 버튼을 눌러 적용해야 한다.

❸ 필요시 정산 내역을 엑셀, 한셀 등으로 내려받아 확인할 수 있다.

❹ 정산이 완료되면 결재 요청을 하고, 에듀파인 업무관리의 연계기안에서 해당 기안을 상신한다.

❺ 결재가 완료되면 나이스에서 연계 전송하여 마무리한다. 행정실에서는 에듀파인에서 연계된 내용을 확인한 뒤, 지출 결재를 통해 정산 처리를 완료하고 다음 단계인 수납 처리로 넘어간다.

2) 추가 정산

[추가정산] 기능은 정산이 이미 완료된 후, 해당 학생의 정산액에 변동 사항이

생겼을 경우 사용한다. (예: 누락된 간식 일수 또는, 추가 반영 등) 단, 기존 정산이 완료되지 않은 상태에서는 추가정산 기능을 사용할 수 없다. 정산이 완료되지 않은 학생은 '정산 미완료로 인해 추가정산이 불가'하다는 알림 창이 표시된다.

※ 유의 사항 : 정산 금액은 출결관리에서 간식 섭취 여부, 징수관리에서 생성한 금액과 연동되므로 이전 단계의 기록이 정확하게 입력되어야 최종 정산액이 올바르게 반영된다. 에듀파인 연계기안이 '완결' 상태가 되어야만 연계전송 가능하며, [상신 진행] 상태에서는 연계전송이 불가하다. 정산 후 금액에 오류가 발생한 경우에는 반드시 내부기안을 별도로 작성하여 징정 처리해야 한다.

> ✓ **잘될 쌤 TIP**
>
> 정산 전, [학생별 징수액]이 실제 간식 일수와 금액과 일치하는지 엑셀로 내려받아 교차 확인해 두면 오류를 방지할 수 있다. 같은 방식으로 처리되는 항목이 많기 때문에 강사료, 징수관리, 정산관리 흐름을 한 묶음으로 이해해 두면 전체 회계 흐름을 파악하는 데 도움이 될 수 있다.

▶ 잘될 쌤의 급간식비징수관리 입력 핵심 요약표

순	구분	절차 설명
1	정산 금액 산출	학생 선택 → 급간식 제공 일수·단가 기준 정산 금액 산출 및 저장
2	결재 요청	정산 내역 확인 → 결재 요청 및 연계 기안 상신
3	에듀파인 기안 작성	에듀파인 업무관리에서 나이스연계 기안 작성 및 결재 요청
4	연계 전송	결재 완료 후 나이스에서 연계 전송 실행
5	지출 처리	행정실에서 정산 내역 확인 후 지출 처리, 이후 수납 처리 단계로 이관

6-6 회계관리(급간식비현황)

'급간식비현황' 관리는 나이스 출결관리, 징수관리, 정산관리 기능을 통해 입력된 학생별 급간식 제공 내역을 종합하여 출력하는 기능이다. 학년도, 돌봄학기, 교실별 급간식 운영 현황을 한눈에 확인할 수 있어 정산 전 사전 검토, 회계 마감용 제출 자료, 내부 점검자료 등으로 활용할 수 있다.

1) 급간식비 현황 활용 방법은 다음과 같다.

❶ 학년도, 돌봄학기, 돌봄구분, 교실명을 선택하고 [조회]하면, 설정에 따라 월별 급간식 제공 현황이 표 형태로 표시된다.

❷ [출력] 버튼을 누르면 학생명, 날짜별 섭취 여부, 총 섭취 일수, 급간식 단

가, 징수 금액 등이 포함된 엑셀 파일로 다운로드할 수 있다. 이 파일은 출력 또는 PDF로 저장하여 자료 보관 등 활용할 수 있다.

❸ 다운로드한 엑셀 파일을 월 단위로 관리하면 정산 이후 자료 보관, 급간식 내역 확인 등 업무 점검 시 유용하게 활용할 수 있다.

※ 유의 사항 : 급간식비 현황은 출결관리, 징수관리, 정산관리에서 입력된 데이터를 기반으로 산출된다. 출결 누락이나 잘못된 징수 체크가 있으면 현황이 부정확하게 표시되므로, 학생명 누락, 섭취 일수 오류가 발생할 경우 출결관리 메뉴에서 급간식 섭취 여부를 다시 확인해야 한다. 단가 및 총액은 자동 산정 방식이며, 예산 품의용 참고자료로 출력해 사용할 수 있다.

> ✓ **잘될 쌤 TIP**
> 정산 전에는 금액이 바뀔 수 있기 때문에 정산 완료 후 출력을 추천한다.

▶ 잘될 쌤의 급간식비현황 입력 핵심 요약표

순	구분	절차 설명
1	현황 조회	학년도, 돌봄학기, 교실별 설정 후 조회 → 월별 제공 내역 확인
2	출력 및 다운로드	학생별 급간식 섭취 현황, 금액 내역을 엑셀 파일로 출력 또는 다운로드
3	자료 보관 및 활용	정산 후 출력하여 예산품의 참고자료, 감사 대비 자료로 보관

통계관리

'통계관리'는 초등돌봄교실의 운영 현황을 전반적으로 파악하고 기록하는 기능으로, 운영 실태를 교육청 등 상위 기관에 제출하거나, 내부 평가 시 근거 자료로 활용하기 위해 필요한 메뉴이다. 해당 기능에서는 우리 학교 전체 학생 수, 돌봄교실 이용 인원, 시간대별 이용 현황, 운영 중인 프로그램의 수 등 정량적 데이터 입력이 가능하며, 그 결과는 추후 정책 수립의 기초 자료로 활용된다. 입력 후에는 상단의 [승인요청] 버튼을 통해 결재 상신 방식으로 관리자 결재를 받을 수 있으며, 결재가 완료되면 해당 내용이 최종 저장된다. 제출한 통계 자료는 시·도 교육청을 거쳐 교육부로 제출될 수 있다. 일종의 '돌봄 수용현황 보고서' 개념으로 이해하면 업무 파악이 쉬울 수 있다.

통계조회

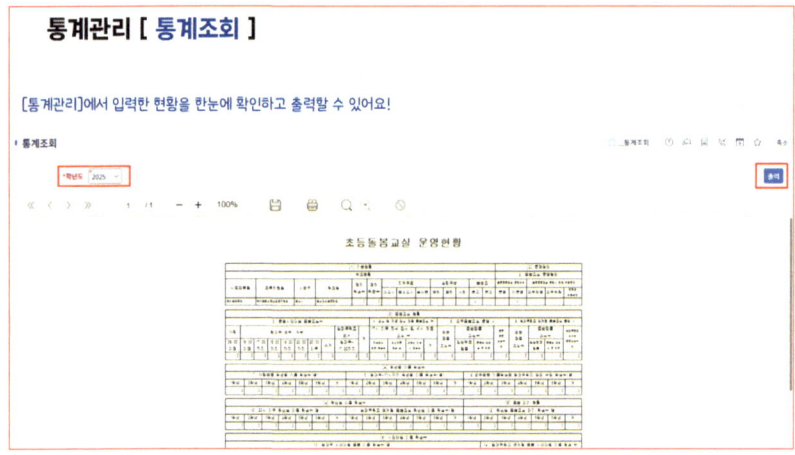

'통계조회'는 앞서 통계관리 메뉴에서 입력한 내용을 바탕으로 출력 및 활용하는 기능이다. 학년도 선택 후 [출력] 버튼을 클릭하면, 입력된 현황 자료를 엑셀 등으로 저장할 수 있고, 교육청 제출용이나 내부 보고용 문서로 활용할 수 있다. 교육청 돌봄교실 컨설팅이나 감사 대응, 내부 운영 보고 시, 생성된 통계표를 확인하여 활용할 수 있다.

나이스 Q&A (많이 받은 질문 공유)

Q. 인력관리를 삭제하려면 어떻게 해야 하나요?

▶ 인력관리 항목은 아래의 경우 삭제되지 않는다:
- 프로그램 강사로 등록된 경우
- 인력배정이 완료된 경우
- 일지 작성 내역이 있는 경우
- 강사료 내역이 있는 경우

▶ 삭제가 안 될 때는 다음 방법으로 처리한다:
❶ [기준관리] → [인력관리] → 외부강사 조회 후 해당 강사 선택
❷ [인력기본정보 등록]에서 '퇴직' 또는 '전보'로 변경 후 저장
❸ 해당 연도로 조회하면 계속 활용할 수도 있다

※ 일지에 1일이라도 입력된 인력은 삭제되지 않으며, 퇴직 처리 후에도 계속 조회가 가능하다.

Q. 학적적용이 안 되는 경우가 있어요. 예비학생은 되고 어떤 학생은 안 돼요. 왜 그런가요?

교무학적적용이 먼저 완료되어야 돌봄학적적용도 가능하기 때문에 해당 학생 정보가 일치해야 가능하다.

학적적용이 안 될 때는 다음을 확인한다.

- 교무학적 및 돌봄 정보의 차이(학생 이름 띄어쓰기, 생년월일 표시 확인 등)
- 학기 초에는 반영이 지연될 수 있으니 일정 시간 후 다시 조회

Q. 강사의 총시수와 주당운영시수는 어떻게 입력해야 하나요?

총시수는 해당 강사가 실제 수업한 총시간(시수)을 의미하며, 주당운영시수는 한 주에 수업한 총시수(수업 시간)를 뜻한다. 예를 들어, 돌봄교실 2개 반에서 한 강사가 주 1회 출근하여 2개 반을 모두 수업하는 경우, **주당 운영시수는 2시수**, **학기 중 운영기간이 36주**(약 9개월)일 경우, **총시수는 2 × 36 = 72시수**로 입력한다.

※ 실제 운영 일수 및 프로그램 수에 따라 조정한다.

Q. 중간에 퇴반한 학생은 어떻게 처리하나요?

❶ [돌봄배정관리] 메뉴 진입
❷ 배정 선택 → 배정구분에서 [중도퇴실] 또는 [취소] 선택
❸ 적용일자를 지정한 후 저장한다.

Q. 교육비 지원 대상자가 중간에 미지원으로 변경됐어요. 어떻게 수정하나요?

▶ 배정 완료 후에는 [배정관리] 메뉴의 하단 '교육비 지원' 항목에서 지원 상태를 변경할 수 있다. 변경 후 반드시 [저장]을 눌러, 적용시킨다.

7
초등돌봄 활동, 창의적이고 배움이 있는 활동

❶ 단체 프로그램의 부서 종류와 전담사의 활동 역할

초등돌봄교실에서 운영되는 단체 프로그램은 일반적으로 예술, 체육, 인문, 감성, 탐구, 진로 등 다양한 주제를 바탕으로 구성된다. 각 부서는 다음과 같이 분류할 수 있으며, 이는 아동의 전인적 성장을 위한 창의력, 자율성, 협업 능력, 감성 지능 발달을 목표로 한다.

부서 유형	예시 프로그램	아동에게 미치는 영향
예술 부서	미술, 만들기, 공예, 댄스	창의력, 표현력, 소근육 발달
체육 부서	뉴스포츠, 줄넘기, 태권도	체력 향상, 협동심, 스트레스 해소
인문 부서	독서논술, 독후활동	사고력, 문해력, 집중력 강화
감성 부서	음악, 우쿨렐레, 요가	정서 안정, 자기표현, 정서조절
탐구 부서	과학실험, 창의수학	문제해결력, 탐구정신, 호기심 자극
진로 부서	직업체험, 진로탐색	자기이해, 미래설계, 동기부여

❷ 전담사의 창의 활동 개입: 강사 부재 시 활동 대체 운영

외부강사에 의해 정기적으로 운영되는 단체 프로그램은 종종 부득이한 사유(건강, 출장, 일정 누락 등)로 인해 휴강되거나, 운영상 누락이 발생하는 경우가 있다. 이때 전담사는 다음과 같은 방식으로 해당 시간을 보완할 수 있다.

전담사의 활동 종류

▸ 반제품 키트 활용 활동: 교재교구 및 운영활동 예산에서, 공예 키트, 미술 키트 등을 활용하여 단시간 내 질 높은 활동 가능

▸ 미로 찾기, 숨은그림찾기, 바른 글씨 쓰기(교재), 한자 쓰기(교재), 동시 쓰기, 색칠 공부 등 교구나 자료를 통해 활동할 수 있다. 이는, 프로그램 공백 방지 및 아동의 안정적 생활 리듬 유지에 도움, 창의 활동 시간으로 전환하여, 원활한 운영에 도움이 된다.

▸ 놀이 중심의 자유 선택 활동, 독서 활동, 퀴즈, 학교 한 바퀴, 실내 놀이 등으로 전환 시 안전 및 생활지도는 기본적으로 병행되어야 하며, 안전상 주의하도록 지도한다.

✓ **잘될 쌤 TIP**
+ 대체활동도 정규 돌봄활동과 동일하게 나이스 일지에 기록하며, 활동 내용 등을 간단히 입력하는 것이 좋다.
+ 가급적 단체 프로그램 휴강 일정은 사전에 협의하고, 대체활동에 필요한 예산 확보나 키트 구비가 사전에 준비되어야 한다.

대단원 4

초등돌봄 공문 처리의 모든 것
: 자료 제출 및 문서 처리

돌봄 관련 공문 종류와 수신처 이해

초등돌봄교실과 관련된 공문은 대부분 관할 교육지원청 또는 교육청으로부터 학교장 명의로 수신된다. 돌봄 업무에 해당하는 공문은 시달 공문과 회신(보고) 공문으로 구분되며, 다음과 같은 특징을 가진다.

시달 공문은 교육청 또는 교육지원청에서 학교로 지시 사항을 전달하는 유형이며, 일정, 계획, 제출 요청 등이 포함된다.

회신 공문은 학교가 교육청 또는 타 기관에 업무 처리 결과를 보고하거나 자료를 제출하는 목적으로 발송하는 공문이다.

실무자인 돌봄전담사는 학교장 또는 교감의 지시에 따라 공문을 확인하거나 행정실 또는 교무실에서 해당 공문을 전달받게 되며, 실질적으로 돌봄교실에 영향을 미치는 공문을 선별하여 처리해야 한다.

2. 공문 확인 및 업무 캘린더 작성법

돌봄전담사는 매일 오전 및 오후에 1회 이상 교육청 공문 시스템(에듀파인/업무포털)을 통해 공문을 확인해야 한다. 중요한 일정이나 제출 기한이 있는 공문은 엑셀 기반 업무 캘린더 또는 개인 캘린더를 활용하여 기록할 수 있다. 캘린더에는 다음과 같은 항목을 포함하는 것이 좋다. 기록을 해 놓으면 공문 누락이나 제출 지연을 방지할 수 있다.

- 공문 제목
- 제출 마감일
- 담당자(전담사 또는 공동 담당자)
- 작성해야 할 문서 또는 서식명

3 공문에 따른 자료 제출 시 유의 사항

공문에 명시된 제출 자료는 두 가지 유형으로 나뉜다.

제출 양식이 첨부된 경우 : 공문 내 '붙임' 문서 또는 교육지원청 문서관리시스템에서 서식을 내려받아 작성해야 한다.

제출 양식이 없는 경우 : 학교 자율 양식으로 작성하되, 문서의 형식과 흐름은 공문 내용에 따라 제목, 개요, 본문, 첨부의 순으로 구성한다. 학교장 결재가 필요한지 여부는 사전에 내부 협의하여 결정한다.

문서 파일명은 '학교명_문서명_날짜' 형식으로 통일하면 정리와 관리에 도움이 된다.

에듀파인 공문 자료 제출 순서

❶ 자료집계 → ❷ 자료요청자료 → ❸ 해당문서 클릭 → ❹ 서식 또는 자료 내려받아 작성 → ❺ 자료 입력 → ❻ 내부결재 → ❼ 상신

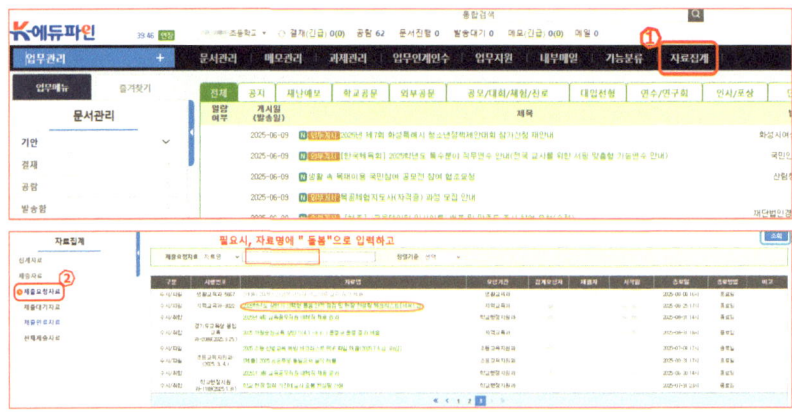

4. 반복되는 자료 제출 및 공문 정리 팁

초등돌봄교실 운영에서는 매년 유사한 형태로 반복되는 공문이 일정 시기에 도착한다. 이러한 공문은 미리 양식, 결재 절차, 회신 방식 등을 숙지해 두면, 대응 시간이 크게 단축되고 실수가 줄어든다. 아래 표는 공문 대응이 필요한 대표 반복 업무를 정리한 것으로, 월별 업무표(별도 단원)와 연계하여 사용할 수 있다.

※ 다음 표의 일정과 제출 공문 내용은 시·도별 지침에 따라 차이가 있을 수 있으며, 각 학교에서는 소속 교육청의 방침과 학교 내부 운영 계획에 따라 적용한다.

월	반복 자료 제출 및 공문 예시
3월	노후환경개선 수요 조사 예산 배정 알림 전년도 돌봄교실운영 정산서 제출(자료집계)
4~5월	상반기 전담사 연수 정보공시 자료 제출 및 현황 입력 저소득층 및 교육비 지원 학생 관련 조사 재량휴업일 돌봄교실 운영 여부 협조 알림
6~7월	여름방학 운영 계획 알림 노후환경 개선비 추가 신청 길라잡이 수정 및 추가사항 제출 알림 상반기 예산 운영비 정산서 제출

8월	여름방학 학생 수요 조사 제출 상반기 돌봄교실 컨설팅
9~10월	범정부수요조사(만족도 조사) 전담사 현황 조사 제출
11월	전담사 하반기 역량 강화 연수 알림
12월	간식업체 선정 또는 통합간식 신청(자료 제출) 반환 및 예산 관련 알림 겨울방학 중 운영 계획 및 조사 자료 제출 돌봄교실 지정 계획 알림 하반기 돌봄교실 컨설팅
1~2월	통합간식 신청 수요조사 차년도 운영교실 및 운영비 자료집계 제출 운영비 정산서 제출(반납 또는 정산) 차년도 예산 신청(교육비 지원 등)

5

학교 내부 결재(내부기안) 문서 작성법

초등돌봄 업무는 공문에 따른 자료 제출 후, 학교 내부에서 결재한 후 진행해야 하는 행정 문서가 자주 발생한다. 이를 '내부기안'이라고 하며, 학교의 결재권자(교장 또는 교감)의 결재를 받아 공식적인 행정 처리를 가능하게 한다. 초등돌봄전담사는 실무 담당자로서 내부기안 작성 방법과 결재 흐름을 이해하고 있어야 하며, 다음과 같은 기본 원칙과 작성 요령을 갖추는 것이 중요하다.

❶ 내부기안 문서 구조 이해

내부기안은 보통 다음과 같은 구조를 따른다. 학교에서 사용하는 결재 시스템(에듀파인 또는 자체 행정 시스템)에 따라 다소 항목명이 다를 수 있으나, 기본 원칙은 거의 동일하다.

> ✓ **잘될 쌤 TIP**
>
> 내부기안의 본문 작성은 가독성 이해하기 쉽고 간략하게 작성하고, 띄어쓰기와 문서의 기본적 규범을 준수하여 작성한다.

> 내부기안 올리는 순서

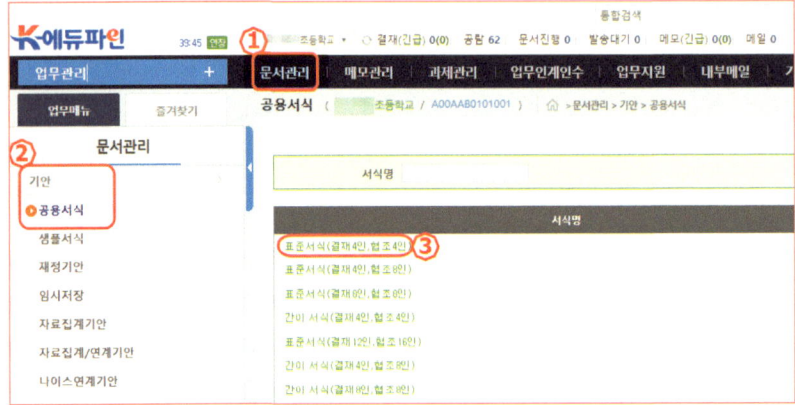

❶ 문서관리
❷ 기안 → 공용서식
❸ 표준서식(대부분 맨 위 결재4인, 협조4인으로 선택한다)

> 내부기안(예시)

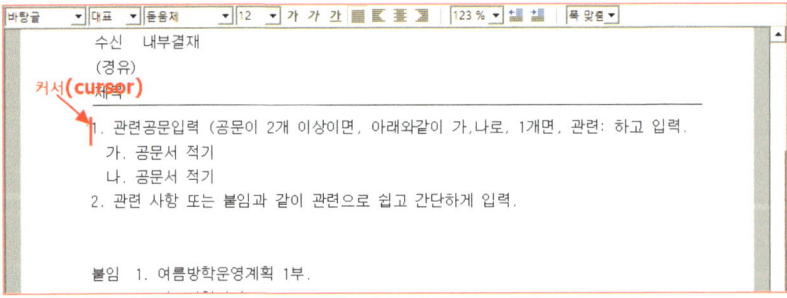

본문 작성 후, 커서는 문서 맨 앞(좌측 상단)에 위치시킨 후 결재올림(결재정보)을 입력한다.

[본문 작성 시 띄어쓰기 유의 사항]

1. 관련 공문 입력할 때

❶ 공문이 1개일 때(1)한 칸 띄고〉관련〉쌍따옴표〉한 칸 띄고〉입력)

1.☑관련:☑000초-1234(2025.☑1.☑3.)

❷ 공문이 2개일 때(관련 쓰고〉밑에 줄에〉두 칸 띄고〉가 순으로입력)

1.☑관련

☑☑가.☑000초-5678(2025.☑6.☑3.)

☑☑나.☑000초-9875(2025.☑6.☑4.)

> ✓ **잘될 쌤 TIP**
>
> 관련 번호는 해당 문서 관련 공문 또는 내부기안 문서번호를 입력한다. 예를 들어 간식 신청 수요조사 관련 내부기안이면 해당 연도 운영 계획을 관련 문서로 적용한다.

2. 붙임파일 입력할 때

❶ 붙임파일이 1개일 때(붙임 쓰고〉두 칸 띄고〉 파일명〉두 칸 띄고 끝 또는 파일명이 길 때는 다음 줄에 '끝'을 꼭 입력한다)

붙임☑☑여름방학 운영계획☑1부.☑☑끝.

❷ 붙임파일이 2개일 때(붙임 쓰고〉두 칸 띄고〉'1', '2'를 입력하고 끝을 적는다)

붙임☑☑1.☑여름방학 운영계획☑1부.

☑☑2.☑여름방학 안내장☑1부.☑☑끝

> ✓ **잘될 쌤 TIP**
>
> 내부기안 문서의 마지막에는 반드시 '끝.'을 명시하여 문서가 종료되었음을 표시한다. 이는 행정 문서 작성의 기본 형식으로, 누락하지 않도록 주의한다.

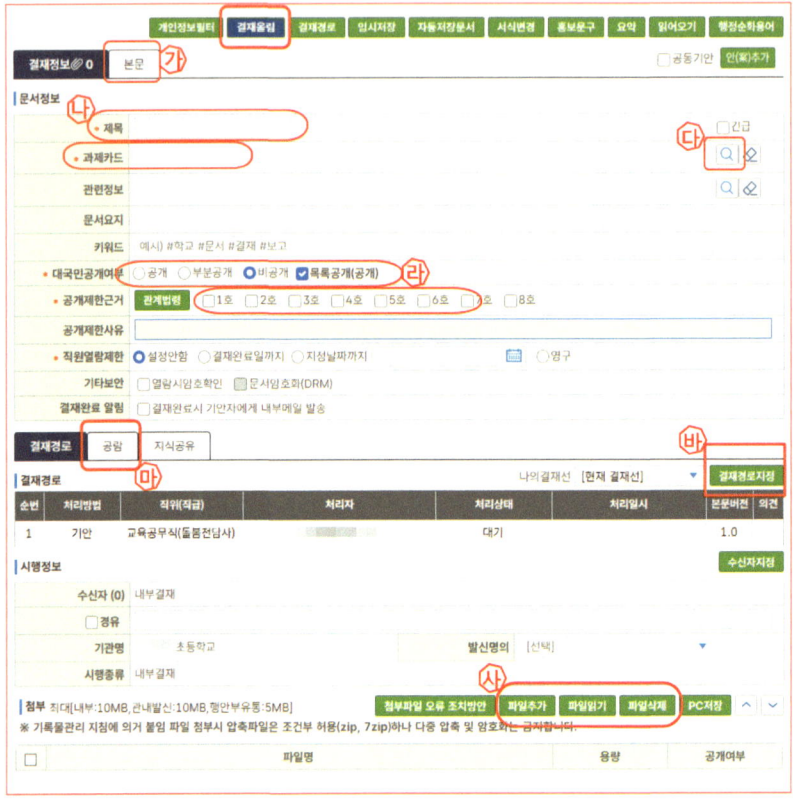

결재정보 입력하기 유의 사항

가. 본문을 위 내용과 같이 입력

나. 제목을 적어 준다(본문과 연계된다).

다. 과제카드를 돋보기 모양을 클릭한다(권한받기).

라. 공개여부 선택한다(대부분 부분공개→6호가 가장 많다).

마. 업무 관련된 사람이 볼 수 있도록 공람을 한다.

바. 결재 경로 지정(일반적으로 기안〉교감〉교장)

사. 필요시 첨부파일을 추가 또는 삭제할 수 있다.

아. 모든 작성이 끝나면, 결재올림을 선택해서 결재자를 지정하여 상신한다.

6. 교육비 지원 대상자 급간식비 업무 처리

교육비 지원 학생은 5월경 단위학교 교육비 지원 담당자에게 명단을 받아서 처리한다. 저소득층 급간식비 지원 학생은, 확정이 5월 중 이루어짐에 따라, 기존 교육비 지원대상 학생은 **3~5월 중에는** 전액 무료 지원하고 신입생과 미확정 학생은 수익자 부담으로 수납을 한 후 교육비 지원 대상 학생으로 선정되면 환불 처리해 준다.

▶ 교육비 지원학생 급간식비 환불 요청 내부기안(예시)

```
제목   2025학년도 초등돌봄교실 교육비 지원 학생 간식비 환불 요청

1. 관련
 ① 가. ○○○초-1234(2025. 5. 30.)
    나. ○○○초-5678(2025. 6. 1.) ②

2. 2025학년도 초등돌봄교실 교육비 지원 대상 학생에 대해, 붙임과 같이 간식비를 환불
   처리하고자 합니다.

붙임  2025학년도 교육비 지원 학생 명단 1부.  끝.
```

관련 번호 1 : 연간운영계획(해당 계획안에 교육비 지원 계획 포함)

관련 번호 2 : 교육비 지원 학생 선정 관련 내부기안

가. 명단 확인 후 관련 근거하여 환불 학생에 대한 내부기안

나. 학부모님께 해당 관련 안내 전달

다. 다음 달 급간식 징수 때 미징수

라. 급간식비 품의 시 교육비 지원자로 품의(목적비 지출)

마. 연말 회계 마감 시 정산 및 잔액 반납

> ✓ **잘될 쌤 TIP**
>
> 돌봄교실 급간식비 지원 기준이 시·도 교육청에 따라 다를 수 있으니 해당 지역의 운영 예산 기준을 꼼꼼히 숙지하고, 선정된 지원 순위를 반드시 확인하고 업무 처리를 한다.

7. 결재 문서 수정 및 사라진 문서 찾기

1. 결재 문서 수정하고 싶을 때

❶ 결재 나기 전

해당 문서를 회수하고 다시 작성할 수 있다.

❷ 결재 난 후

결재가 완료된 후 제목 앞에 (수정)으로 표기하고 다시 내부기안을 한다.

예: 2025 초등돌봄교실 운영계획(결재완료)

　　(수정)2025 초등돌봄교실 운영계획

2. 사라진 문서 찾기

품의서를 작성한 뒤 [결재요청]을 눌렀다가 다시 수정을 하려 할 때, 해당 문서가 [품의서 목록]에서 보이지 않는 경우가 있다. 이 경우에는 **[재정기안]** 메뉴에서 문서를 확인한 뒤, 반송 처리하면 [품의서 작성 목록]에서 다시 수정할 수 있다.

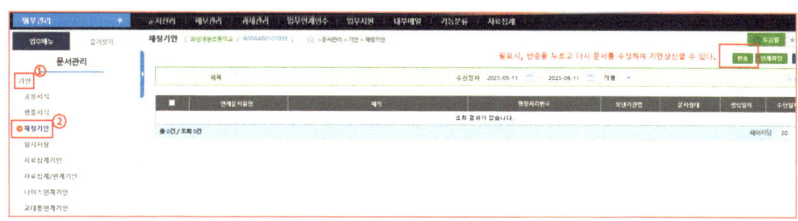

대단원 5

초등돌봄선생님 복무 (나이스)

초등돌봄전담사의 복무는 '교육공무직원 복무규정' 및 학교 내 자체 지침에 따라 엄격하게 관리된다.

나이스 시스템을 통한 복무 처리는 초과근무, 조퇴, 병가, 연가 등 다양한 근무 유형을 포함하며, 모든 복무 신청은 사전 승인과 적정한 절차를 반드시 거쳐야 한다.

본 단원에서는 초등돌봄전담사가 복무를 신청하고 결재를 요청하는 방법을 실무 중심으로 설명한다. 특히 나이스 복무관리 메뉴를 활용한 상신 절차, 상황별 복무 신청 방법, 결재 후 처리 및 관리 시 유의 사항 등을 구체적으로 안내하여 현장에서 혼선 없이 업무를 처리할 수 있도록 돕는다.

복무 상신 기본 흐름(공통 순서)

나이스 접속 → 기본메뉴 → 복무

모든 복무 등록에 공통으로 적용되는 ❶~❹ 단계

❶ [기본 메뉴] 클릭
  → 좌측 메뉴에서 '기본 메뉴'를 클릭한다.

❷ [복무] 클릭
  → 기본 메뉴 하위 '복무'를 선택한다.

❸ [개인근무상황관리] 클릭
  → 개인 근무상황 입력을 위한 항목이다.

❹ [신청] 클릭
  → 복무 입력을 위해 상단 파란색 [신청] 버튼을 클릭한다.

복무 구분 한눈에 보기

1) 연차(조퇴) 등록

- 사유: 개인적인 사정으로 휴무 및 시간 단위 사용
- 예시: '개인 일정으로 연차 1일 사용 또는 시간 조퇴'

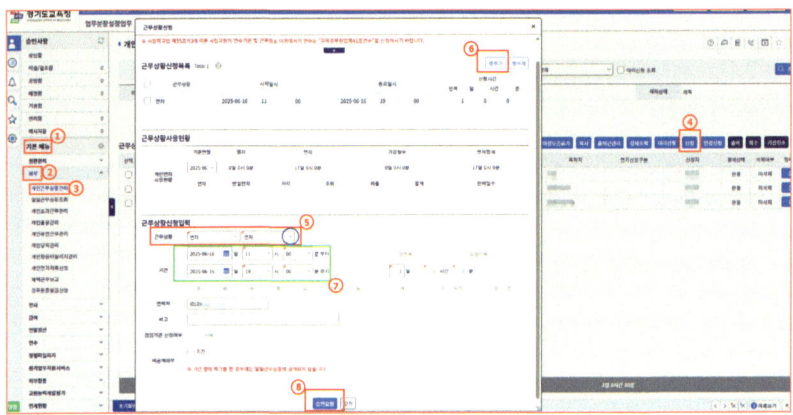

1)-1. 연가(또는 조퇴) 등록 절차(이미지 기준: ❶~❽)

❶ [기본 메뉴] 클릭
  → 좌측 메뉴에서 '기본 메뉴'를 클릭한다.

❷ [복무] 클릭
  → 기본 메뉴 하위의 '복무'를 선택한다.

❸ [개인근무상황관리] 클릭

　→ 개인 근무 상황 입력을 위한 항목이다.

❹ [신청] 클릭

　→ 새로운 연차·조퇴 신청을 위해 상단 파란색 [신청] 버튼을 클릭한다.

❺ 근무상황 유형 선택

　→ '연차' 또는 '연차(조퇴)'를 드롭다운(▽)에서 선택한다.

❻ [행추가] 클릭

　→ 여러 날짜를 한 번에 상신할 경우 사용할 수 있다.

❼ 시작일·종료일 및 시간 입력

　→ 날짜와 시간을 선택하고, 필요시 일수/시간을 수기 입력한다.

❽ [승인요청] 클릭

　→ 연차는 일반적으로 교감-교장까지, 조퇴는 교감까지 결재 상신한다.

2) 병가(병조퇴) 등록

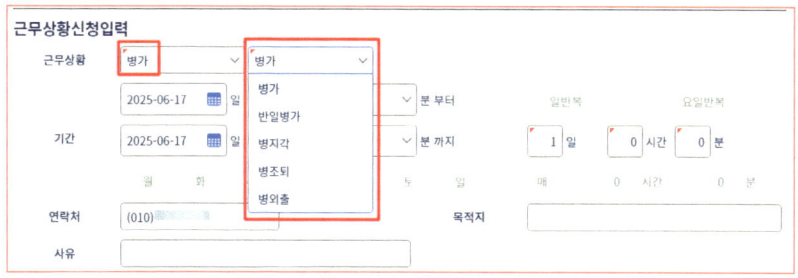

- 사유: 질병, 통원 치료, 의료 진단 필요시
- 유의: 진단서 첨부
  - → 시·도 교육청별 상이할 수 있다.
- 예시: '무릎 인대 염좌로 병원 진료'

2)-1. 병가(병조퇴) 등록 절차(❶~❽ 기준)

❶ [기본 메뉴] 클릭
  - → 좌측 메뉴에서 '기본 메뉴'를 클릭한다.

❷ [복무] 클릭
  - → 기본 메뉴 하위의 '복무'를 선택한다.

❸ [개인근무상황관리] 클릭
  - → 개인 근무 상황 입력을 위한 항목이다.

❹ [신청] 클릭
  - → 새로운 연차·조퇴 신청을 위해 상단 파란색 [신청] 버튼을 클릭한다.

❺ [근무상황] 항목에서 병가 유형 선택
  - → 드롭다운에서 '병가', '반일병가', '병조퇴' 등 해당 항목을 선택한다(이미지 참고: 병가 유형 드롭다운 화면).

❻ [행추가] 클릭(선택 사항)
  - → 여러 날짜를 한 번에 입력하고자 할 때 사용한다.

❼ 기간 및 시간 입력

→ 시작일~종료일, 시간 입력.

→ 사유는 간단히 '○○ 진료' 등으로 작성하고, 필요시 증빙 자료 첨부.

❽ [승인요청] 클릭

→ 병가는 교감→교장까지 결재 상신하고, 병조퇴는 교감까지 결재 상신한다. 증빙서류가 필요한 경우 반드시 첨부한다.

3) 공가

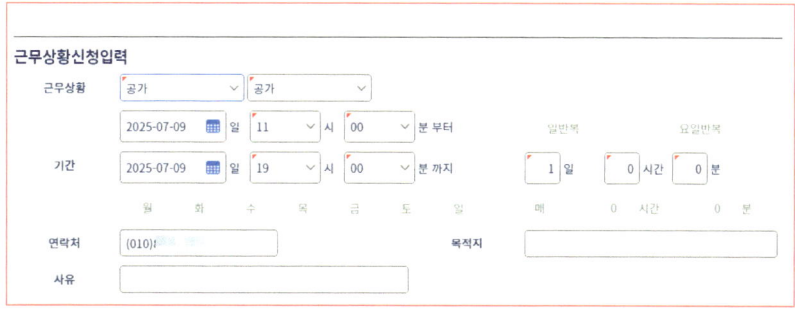

- 사유: 공적인 연수, 병역 의무, 건강검진, 헌혈 등
- 유의: 공문 있는 기관 연수만 인정(시·도 교육청 지침 다름)
- 예시: 건강검진

3)-1. 공가 등록 절차(❶~❽ 기준)

❶ [기본 메뉴] 클릭

→ 좌측 메뉴에서 '기본 메뉴'를 클릭한다.

❷ [복무] 클릭

　→ 기본 메뉴 하위의 '복무'를 선택한다.

❸ [개인근무상황관리] 클릭

　→ 개인 근무 상황 입력을 위한 항목이다.

❹ [신청] 클릭

　→ 파란색 [신청] 버튼을 클릭한다.

❺ [근무상황] 항목에서 공가 유형 선택

　→ 오른쪽 드롭다운에서 '공가', 왼쪽 태그에서도 '공가'를 선택한다.

❻ [행추가] 클릭(선택 사항)

　→ 여러 날짜를 한 번에 입력하고자 할 때 사용한다.

❼ 기간 및 시간 입력

　→ 시작일~종료일, 시간 입력.

　→ 사유는 '국가건강검진' 등으로 작성하고, 필요시 증빙 자료 첨부.

❽ [승인요청] 클릭

　→ 공가는 교감 → 교장까지 결재 상신하고, 공가는 대부분 증빙서류가 필요하기 때문에 첨부한다.

4) 출장(근무지 내, 근무지 외)

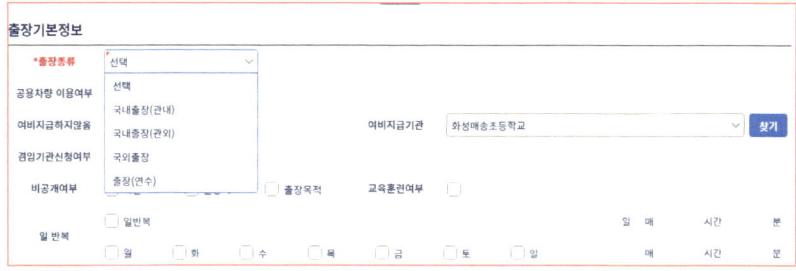

- 근무지 내 출장
- 근무지 외 출장
- 사유: 외부 기관 업무 또는 연수
- 유의: 사전 결재 및 공문 필수
- 예시: '○○교육지원청 돌봄 연수 출장'

출장은 근무지 내와 근무지 외로 구분하여 신청한다. 근무지 내는 근무 학교가 속한 지역 내에서 이루어지는 경우이며 근무지 외는 타 지역으로 이동하는 경우에 해당한다. 예를 들어 화성시 소재 학교에서 수원시로 출장하는 경우 근무지 외 출장으로 신청한다. 여비 지급 여부는 내부 협의나 공문에 따라 결정하며 출장 신청 시 여비지급 또는 부지급 여부를 선택하고 근거를 첨부하여 상신한다. 교육청에서 실시하는 초등돌봄전담사 역량 강화 연수 참석 시에도 출장 구분과 여비 여부를 정확히 선택하여 신청한다. 출장 신청은 나이스 복무관리 메뉴를 통해 진행하며 관련 문서 첨부 후 상신한다.

4)-1. 출장 등록 절차(❶~❽ 기준)

❶ [기본 메뉴] 클릭
　→ 좌측 메뉴에서 '기본 메뉴'를 클릭한다.

❷ [복무] 클릭
　→ 기본 메뉴 하위의 '복무'를 선택한다.

❸ [개인출장관리] 클릭
　→ 개인 근무 상황 입력을 위한 항목이다.

❹ [신청] 클릭
　→ 파란색 [신청] 버튼을 클릭한다.

❺ [출장종류]에서 관내 또는 관외 등 목적에 맞게 선택한다.

❻ [기간추가] 클릭(선택 사항)
　→ 여러 날짜를 한 번에 입력하고자 할 때 사용한다.

❼ 기간 및 시간 입력
　→ 시작일~종료일, 시간 입력.
　→ 출장지와 출장목적, 연락처는 필수 입력한다.

❽ [승인요청] 클릭
　→ 출장은 교감까지 결재 상신하고, 여비 지급 시, 증빙서류가 필요할 수 있다.

5) 초과근무(시간 외, 휴일) 등록

[연장근로신청 화면 캡처: 2025-07-09, 19:00, 휴게시간 00:00]

- 사유: 돌봄교실 운영 시간 연장, 재량휴업일 돌봄 운영 등
- 유의: 사전 구두 협의 후 학교장 승인 필수
- 예시: '재량휴업일 돌봄교실 운영 초과근무'

초과근무는 근무시간 외 돌봄교실 운영이나 공적인 업무 수행 시 신청한다. 주로 방학 기간 근로시간과 운영시간이 달라질 때나 재량휴업일에 돌봄 운영이 필요할 때 발생하며, 이 경우 초과근무를 등록할 수 있다. 초과근무는 사전에 관리자와 구두 협의 후 학교장 승인을 받아야 하며 승인 없이 초과근무를 하는 것은 인정되지 않는다. 신청은 나이스 복무관리 메뉴를 통해 근무 유형을 선택하고 사유를 정확히 입력하여 상신한다.

5)-1. 초과 등록 절차(❶~❽ 기준)

❶ [기본 메뉴] 클릭
  → 좌측 메뉴에서 '기본 메뉴'를 클릭한다.

❷ [복무] 클릭
  → 기본 메뉴 하위의 '복무'를 선택한다.

❸ [개인초과근무관리] 클릭
  → 초근근무 상황 입력을 위한 항목이다.

❹ [신청] 클릭
  → 파란색 [신청] 버튼을 클릭한다.

❺ [연장근로] 일자, 근로시간, 휴게 및 해야 할 일을 입력한다.

❻ [기간추가] 클릭(선택 사항)
  → 여러 날짜를 한 번에 입력하고자 할 때 사용한다.

❼ [승인요청] 클릭
  → 초과근무는 학교장 승인이 필요하기 때문에 대부분 교장까지 결재를 상신한다.

❽ 초과근무 상신 후 기결취소 및 회수를 통해서, 취소할 수 있다.

6) 휴직 신청

휴직은 병역휴직, 질병휴직, 동반휴직 등 사유에 따라 신청할 수 있으며, 종류와 절차는 각 지역 단체협약 및 교육청 복무지침을 따른다. 초등돌봄전담사는 휴직 사유가 발생하면 먼저 학교 관리자에게 구두로 알리고, 관련 서류를 준비해 행정실과 협의한 뒤 나이스에 입력한다. 필요시 각 시·도 교육청 복무 관련 문의를 직접 해도 좋다. 휴직 종류 및 필요 서류는 사전에 행정실과 충분히 상의하고 지역별 절차를 따른다.

※ 상세한 절차 및 필요 서류는 지역 교육청 복무 지침을 참고

구분	사유	유의 사항	예시
경조사 휴가	직계가족의 경조사 발생 시	사전 보고 및 나이스 입력	부친상 5일 휴가
자녀 돌봄 휴가	자녀 교육 자녀 학교 행사 등	시도별 유급 일수 확인	자녀 공개수업 참석 (유급 1일)

7) 연수(연수실적등록)

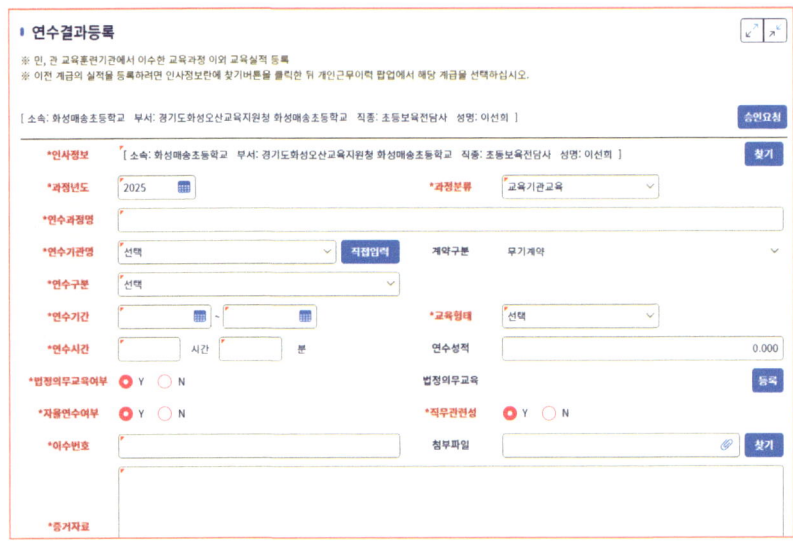

초등돌봄전담사가 공적인 연수를 이수한 경우, 나이스에 연수 실적을 등록하여 인사 기록으로 관리한다.

- 복무 메뉴에서 [연수] 항목을 선택하고 [연수실적등록]을 클릭한다.
- [등록]을 눌러 연수 과정명, 기관명, 기간 등 연수 정보를 정확히 입력한다.
- [승인요청] 후 결재체계를 설정하여 상신한다.
- 4단계 인사 메뉴의 [연수] 항목에서 등록 여부를 확인한다.

※ 공무직원은 나이스 연계가 되지 않는 경우가 있어, 직접 등록하거나 교육청 담당 주무관에게 등록을 요청할 수 있다.

참고 영상

'잘될 쌤' 유튜브 채널의 '연수 이수증 등록하기'
https://youtu.be/Tf-3ULt7BsQ?si=V2Zc4NUZBBS_pfLV

대단원 6

특별한 요구를 가진 학생들을 위한 돌봄

1
돌봄교실에서 특별한 요구를 가진 친구들을 위한 접근법과 지원

특별한 요구를 가진 학생이 돌봄교실에 입실할 경우, 돌봄 선생님들은 학생의 개별 상황과 필요에 맞춘 맞춤형 접근을 준비할 필요가 있다. 이를 위해 현장에서 적용할 수 있는 몇 가지 대응 방법을 소개한다.

신변처리 및 자립 지원

장애 유형이나 발달 상태에 따라 신변처리가 어려운 학생들이 있을 수 있다. 이러한 경우, 돌봄선생님들은 학생의 부모나 담당 특수교사와 사전에 상의하여 개별 신변처리 지원 계획을 마련하는 것이 중요하다. 또한, 신체적 지원이 필요한 학생의 경우, 보호용 장비나 보조 도구를 교실 내에 마련하여 사용 가능하도록 한다. 예를 들어, 신체 지체 장애가 있는 학생의 경우, 안전한 자세로 교실 활동에 참여할 수 있도록 의자나 책상을 조정하는 방식이 필요하다.(신변처리가 안 되는 학생이 부득이 돌봄교실 입실 시 반드시 특수반 선생님 및 관리자와 협의 후 지원을 받을 수 있는 방향으로 협의한다.)

발달 지연 및 자폐 스펙트럼 장애 학생의 지도

자폐 스펙트럼이나 발달 지연이 있는 학생들은 예기치 않은 상황에 불안을 느끼기 쉬울 수 있다. 시각적 스케줄 카드나 그림 지침을 사용하여 일상 활동의 순서를 시각적으로 안내해 주면 안정감을 줄 수 있다. 또한, 필요한 경우 또래 도우미를 활용하여 사회적 상호작용을 돕는 것이 바람직하다(이 또한 지원을 받을 수 있는지 내부 협의가 중요하다).

돌봄교실 내 대응 체계 마련

특히 행동 관리가 필요한 경우, 돌봄교실 선생님과 담임, 상담, 특수교육 교사, 관리자 등 간의 협력 체계가 필요할 수 있다. 예를 들어, 자주 도망가려는 행동이나, 위험한 행동을 보이는 학생이 있다면, 담임, 상담, 특수교육 교사, 관리자 등과 함께 안전 지침을 설정하고 돌봄교실 내에서 일관성 있게 적용할 수 있도록 협력해야 한다.

모든 학생이 서로의 다름을 이해하고 존중하는 안전한 환경을 조성하고, 장애와 비장애 학생도 자연스럽게 어울릴 수 있도록 하기 위해 필요한 구체적 대안과 대책이 반드시 필요하다.

▶ 돌봄교실에서 자주 마주하는 특별한 요구 유형

유형	주요 특징	현장 문제 사례
정서불안형	예민, 감정 기복, 분리불안	활동 거부, 우는 행동, 물건 파손
과잉행동형	주의력 결핍, 충동성	자리 이탈, 수업 방해, 공격적 언어
관계형성 어려움형	또래와의 소통 미숙, 고립	혼자 놀이 반복, 왕따 피해 혹은 가해

| 경계선 발달지연형 | 지시 이해 어려움, 표현력 부족 | 규칙 이해 안 됨, 좌절 시 강한 반응 |

지원 접근 방안: 돌봄교실 현실에 맞춘 실천 중심 제안

❶ 공간적·시간적 분리 활용

쉬는 시간 또는 활동 시간에 '안정 공간'을 마련한다.

예: 교실 내 파티션 활용, 독서 코너, 조용한 음악 제공하고, 일시적인 '회복 시간(쿨다운 타임)'을 도입하여 감정 조절 시간을 준다.

❷ 활동 설계의 차별화

집단 활동과 개별 활동을 혼합 설계하여 특정 아동이 몰입할 수 있는 선택지를 제공한다.

예: 만들기, 보드게임, 촉각 놀이 등

예측 가능한 활동 구조를 제공하여 불안감을 낮춘다.

활동 시간표를 시각화하거나, 미리 설명하는 루틴을 운영한다.

❸ 학교 내 협조체계 연계(제도 기반)

특수교사/상담교사 연계가 가능한 경우, 주 1회 상담 또는 행동 지도 자문을 요청한다(관리자와 내부 협의).

학부모 동의하에 담임 및 교내 전문 인력과 정보를 공유하고, 사례 기록, 보호자 면담 등은 학교 공식 체계 안에서 운영한다.

❹ 외부 자원 활용 가능성

지역 자원봉사센터 또는 학부모 자원봉사자 협력을 활용할 수 있다. 단, 신중한 선정과 동의 절차가 필요하고, 지자체 프로그램 예산이 있다면 정서 지원 프로그램과 연계할 수도 있다.

> ✓ **잘될 쌤 TIP**
>
> 돌봄전담사가 나이스에 개별 지도 기록을 남길 수도 있지만, 글자 수 제한 등의 문제로 학교 자체 서식(사례관리 기록지 등)을 활용하여 관리자와 공유하면 좋다.

실무가 쉬워지는 순간

"초등돌봄 실무의 모든 것"
유튜브 검색!

2. 돌봄교실에서의 통합돌봄을 위한 기반 마련

돌봄교실은 현재 정서·행동적 특성을 가진 아동에 대한 별도의 기준이나 지원 체계 없이 운영되는 경우가 많다. 실제로 전담사는 협력 체계 없이 혼자 문제 상황을 감당하는 경우도 있다. 이를 완화하기 위해서는 다음과 같은 구조적 개선이 필요하다.

- 입실 전 기초 정보 공유: 신청서 또는 내부 협의 절차
- 정기적 통합돌봄 협의 시간 운영: 특수·담임·전담사 협의
- 관찰 기록과 대응 매뉴얼 공유: 교실 이탈, 자해 등 상황별 기본 대응 지침
- 필요시 보조 인력 활용 제안: 관리자 내부 협의

※ 통합돌봄은 돌봄전담사 개인의 역량만으로는 지속할 수 없으며, 학교와 교육청 차원의 공동 책임 구조를 마련하는 것이 절실하다.

돌봄전담사는 이러한 구조적 기반 위에서 비로소 개별 학생에게 적절한 정서적·행동적 지원을 보다 안정적으로 제공할 수 있으며, 돌봄교실 전반의 질적 향상을 이끌 수 있다.

특별한 요구를 가진 학생들을 위한 돌봄 요약

- 학생의 다양성 인식: 정서불안, 발달지연, 관계형성 어려움 등 다양한 특성

을 가진 학생이 증가하고 있으며, 돌봄교실은 이를 수용할 수 있는 유연한 구조가 필요하다.

- 현실에 맞는 지원 전략: 시각자료, 회복공간, 차별화된 활동, 또래 관계 지원 등 구체적이고 실천 가능한 접근법이 효과적이다.

- 협조 체계 구축의 중요성: 특수교사, 담임, 상담교사 등과의 협력은 돌봄교실에서의 통합돌봄을 실현하기 위한 핵심 요소이다.

- 제도적 기반 마련 필요: 학생 정보 공유 절차, 사례 관리 체계, 보조 인력 활용 등 제도적 뒷받침이 필요하다.

- 전담사의 역할 명확화: 돌봄교실은 전담사 혼자 책임지기보다, 학교 공동체 내에서 함께 구축해야 할 돌봄 안전망이다.

대단원 7

초등돌봄전담사의 전문성과 역할

초등돌봄교실 선생님은 지역마다 다른 명칭을 사용할 수 있으며, 경기도는 초등보육 전담사로, 타 지역은 초등돌봄전담사로 부른다. 돌봄교실에서 활동하는 선생님의 역할, 자격 요건, 채용 방식을 설명하여 돌봄교실의 구조와 선생님의 중요성을 알아본다.

1 초등돌봄 선생님의 역할과 자격 요건

초등돌봄 선생님의 역할 : 초등돌봄 선생님은 돌봄이 필요한 학생들을 방과 후에 안전하게 보호하고, 생활 지도와 학습 보조, 다양한 활동 프로그램을 운영하며, 학교와 학부모 간의 소통 창구 역할을 한다. 이 역할을 통해 학생들이 신체적·정서적으로 안정적인 환경에서 지낼 수 있도록 돕는다.

자격 요건 : 초등학교 돌봄교실 선생님이 되기 위해서는 유·초·중등교원 자격증이나 보육교사 2급 이상 자격증이 반드시 필요하다. 이 자격 요건을 충족한 지원자를 각 시·도 교육청에서 채용하여 교육공무직으로 임용하며, 돌봄 업무에 대한 책임과 권한을 부여한다.

2. 학부모와의 효과적인 소통 방법

학부모와의 신뢰 형성 : 학부모와의 관계에서 중요한 것은 신뢰를 쌓는 일이다. 정기적인 소통 창구를 마련하여 월간 계획이나 각종 안내장, 학생 관리가 공유될 수 있도록 하고, 중요한 공지 사항은 수시로 안내하는 것이 바람직하다. 학부모가 자녀의 돌봄교실 생활을 궁금해한다면 적극적으로 정보를 제공해 돌봄교실 운영의 투명성을 높이는 것이 좋다.

효과적인 대화 기법 : 학부모가 불만을 제기하거나 민원 상담을 요청할 경우, 침착하고 공감 어린 태도로 대응하는 것이 정말 중요다. 예를 들어, 학부모의 이야기를 충분히 경청한 후 "네, 어머님. 말씀해 주셔서 감사합니다. 저도 ○○이의 상황을 잘 이해하고 있으니 적절히 지도하도록 하겠습니다." 등과 같은 멘트를 사용하면 소통의 신뢰도가 높아질 수 있다.

3 필수 연수와 추천 연수

필수 연수 : 초등돌봄교실 선생님은 교육청에서 정기적으로 제공하는 역량 강화 연수 및 교내에서 실시하는 응급처치 및 심폐소생술, 아동학대 예방, 아동 심리 이해 등 필수 연수를 통해 학생 안전 관리와 돌봄 업무의 기초 역량을 갖추게 된다. 이러한 연수는 돌봄 선생님의 실질적 업무에 도움이 될 수 있다.

추천 연수 : 추가적으로 중앙교육연수포털 및 경기도교육연수 등 사이트에서 필요한 연수를 신청할 수 있고, 필요에 따라서 아동 심리와 행동 이해, 갈등 해결 방법, 학부모 상담 기술 등 실무와 직접적으로 연관된 추천 연수를 통해 학생과 학부모와의 관계 개선에 필요한 능력을 강화할 수 있다.

- 중앙교육연수원 https://www.neti.go.kr/
- 경기도교육청교육연수원 https://www.gtie.go.kr/

대단원 8

참고 자료

부록

자주 사용하는 업무 샘플

- 늘봄, 방과후 중앙 지원 포털

https://www.afterschool.go.kr/

- 교육부 공식 웹사이트

https://www.moe.go.kr/main.do?s=moe

- 경기도교육청방과후학교종합지원센터

https://more.goe.go.kr/afterschool/index.do

- 교육부 늘봄학교 추진방안(2024) 2024년+늘봄학교+추진방안

내부기안 기본 형식

제목   2025학년도 선택형돌봄교실 운영 계획

1. 관련: OOO초-1234(2025. 5.30.)
2. 2025학년도 제1회 학교운영위원회 심의 결과에 따라, 선택형돌봄교실을 붙임과 같이 운영하고자 합니다.

붙임 2025학년도 선택형돌봄교실 연간 운영 계획 1부.   끝.

활동계획 기안

제목   2025학년도 초등돌봄교실 활동 계획안(7월)

1. 관련: OOO초-1234(2025. 5.30.)
2. 2025학년도 초등돌봄교실 7월 활동 계획을 안내하고자 합니다.

붙임   OOOO초 초등돌봄교실 활동 계획안(7월) 1부.   끝.

급간식 업체 선정 계약 요청 내부기안

1. 관련: ○○○조-1236(2025.2.13.)
2. 2025 선택형돌봄(구,초등돌봄) 및 병설유치원 중식 납품업체 선정을 위해 아래와 같이 학부모 설문 및 위생점검을 통하여, 수의계약을 하고자 합니다.

○ 세부일정

업무 내용	일정	담당자
학부모 설문	2025.5.7.(수) ~ 5.9.(금) [e-알리미 및 지류]	돌봄전담사 유치원교사
설문결과보고	2025.5.12.(월)	돌봄전담사
업체	주소:경기도 화성시	
	주소: 경기도 용인시	
학부모 선정 업체 위생점검 요청	2025.5.15.(목)	돌봄 전담사
위생점검 결과 보고 및 업체 계약 요청	2024.5.23.(금) ~ 5.26.(월)	돌봄 전담사

(※ 위 일정은 예정이며 변경 될 수 있음.)

붙임 1. 2025 선택형돌봄(구,초등돌봄) 방학 중 중식 납품업체 선정 계획 1부.
   2. 2025 병설유치원 방학 중 중식 납품업체 선정 계획 1부.
   3. 2025 선택형돌봄 및 병설유치원 중식 업체 설문지 1부.
   4. 중식 업체 첨부파일 일체 1부. 끝.

강사 채용 관련 기안

제목   2024 초등돌봄교실 겨울방학 특별프로그램 세부 추진계획 및 모집공고

1. 관련: 화성매송초-13456(2024.12. 3.)
2. 초등돌봄교실 겨울방학 특별프로그램을 붙임과 같이 모집하여 운영하고자 합니다.
   가. 채용 직종 및 인원: 생태놀이강사 1명
   나. 수업기간: 2025.1.8.(수)~ 1.17.(금)
   다. 수업시간: 1차시 13:30~14:10, 2차시 14:20~15:00
   라. 채용방법: 공개채용
   마. 전형일정

구분	공고일 및 시행기간	합격자 발표 및 비고 사항
공고기간	2024. 12. 13.(금)~ 12. 18.(수) 11:00	미 접수시 재공고 2025. 12.18.(수) ~ 12.20.(금) 11:00
1차 서류심사	2024. 12.18.(수) 15:30	면접대상자 개별통보.
2차 면접심사	2024. 12.19.(목) 15:30	개별통보 (여건에따라 면접일 조정될수 있음)

   바. 공고방법: 경기도교육지원청 및 본교 홈페이지 게시

붙임 1. 2024 초등돌봄교실 겨울방학 특별프로그램 세부 추진계획 1부.
      2. 2024 초등돌봄교실 겨울방학 특별프로그램 모집공고 1부.   끝.

2 품의서 양식 모음

물품 구입 품의서(운영 물품 및 교재 교구 등)

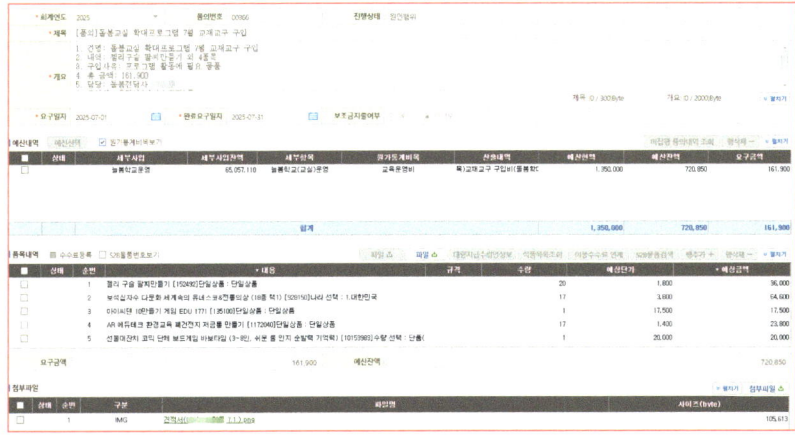

급간식비 집행 품의서

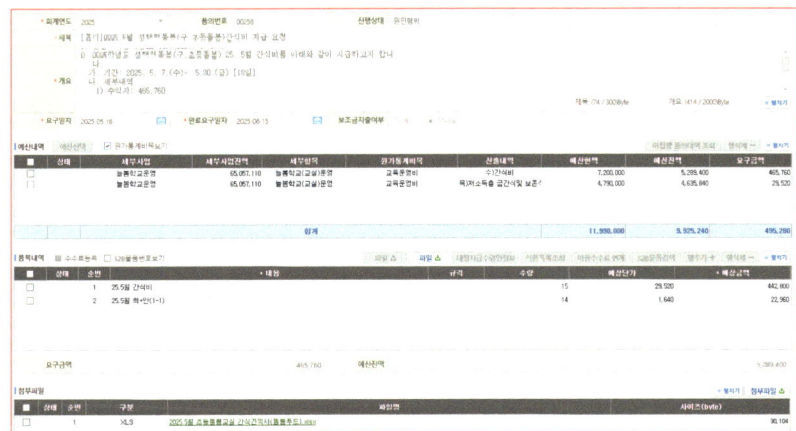

외부강사비(특기적성) 품의서

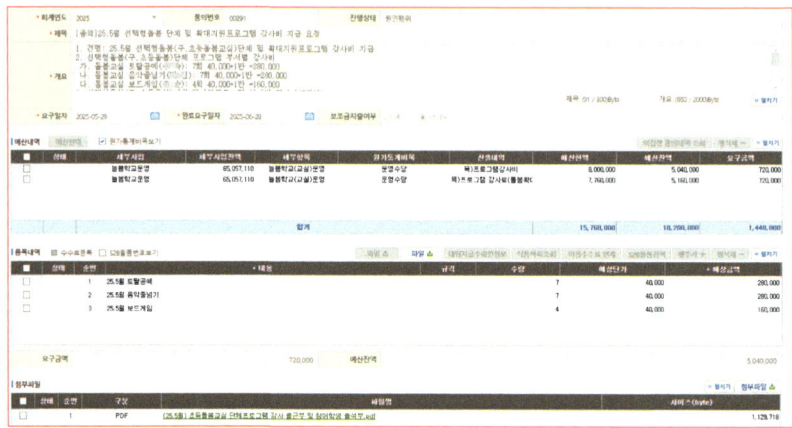

3 보고서 및 결과서 양식

채용 결과 보고서

제목 2025 초등돌봄교실 대체전담사(학교단위인력풀구성)심사 결과

1. 관련: ▨▨▨초등학교-2939(2025.3.18.).
2. 초등돌봄교실 대체전담사(학교단위인력풀구성) 최종 심사 결과는 다음과 같습니다.
   가. 면접대상자: 4명
      (면접 당일 1명이 불참하여 차순위 지원자로 대체하여 면접 진행)
   나. 최종합격자: 3명(▨▨▨, ▨▨▨, ▨▨▨)
      (대체불가시, 교육청 인력풀 대체전담사 채용가능)
   다. 계약기간: 2025. 4. 1.(화) ~ 2026. 2. 27.(금)
      ※계약서는 근무 해당일 단기(일용)계약서 작성 및 확인서 발급.
   라. 근무시간

학기 중	11:00 ~ 19:00 (8시간)
방학 중	08:30 ~ 16:30 (8시간)
비 고	운영상황에 따라 근로시간은 변경 될 수 있음.

붙임 1. 2차 면접 지원자 현황 1부.
     2. 평가위원등록부(2차) 1부.
     3. 평가점수집계표(2차) 1부.
     4. 평가심사표(2차) 1부.
     5. 2025 대체전담사 인력풀 확인서 1부. 끝.

설문 조사 결과 보고서

제목 2024 초등돌봄교실 및 꿈터 단체프로그램 만족도 설문 결과

1. 관련: ▨▨▨초-11480(2024.10.21.).
2. 2024학년도 초등돌봄교실 및 다함께꿈터 프로그램 만족도 조사결과를 다음과 같이 보고하고자 합니다.

붙임 2024학년도 초등돌봄교실 및 꿈터 프로그램 만족도 설문 결과 1부. 끝.

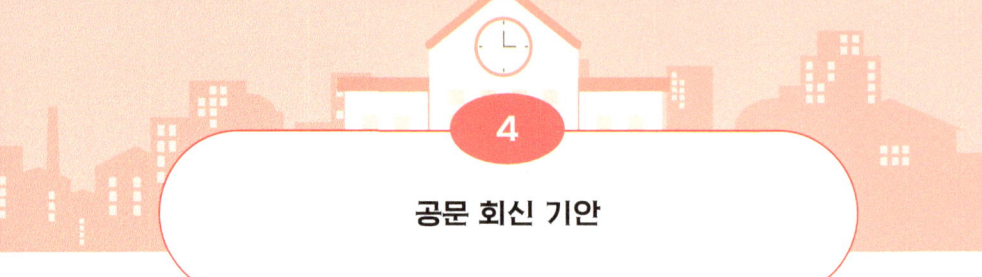

공문 회신 기안

상급기관 자료 제출 회신 기안

제목   2024학년도 초등돌봄교실 운영비 정산서 제출

「2024학년도 초등돌봄교실 운영비 정산서를 붙임과 같이 제출하고자 합니다.

붙임   2024학년도 오후돌봄교실 운영비 정산서 1부. 끝.」

점검 관련 자료 제출 회신 기안

제목   2024학년도 여름방학 중 초등돌봄교실 안전점검 및 현장컨설팅 체크리스트 제출

「2024학년도 여름방학 중 초등돌봄교실 안전점검 및 현장컨설팅 미대상교 체크리스트 붙임과 같이 제출 합니다.

붙임   2024 여름방학 중 초등돌봄교실 운영 점검(○○초) 1부. 끝.」

5 설문지 및 학부모 안내장

만족도 설문지

더불어 성장하며 미래를 준비하는 행복한 OO교육

2024학년도 초등돌봄교실 중식(도시락) 만족도 조사

안녕하십니까? 학부모님 가정에 건강과 행복이 가득하시길 기원합니다.
방학 중 초등돌봄교실 이용한 학생에 한하여, 중식제공(도시락) 만족도 조사를 실시 하고자 합니다. 도시락타임(도시락) 제공에 대한 아래 문항을 읽어보시고 자녀의 의견을 충분히 반영하여, 만족도 조사에 응답 해주시기 바랍니다. 해당 만족도 조사는 재 선정 등 25학년도 업체 선정에 있어서, 반영 될 수 있습니다. 감사합니다.

1. 방학 중 초등돌봄교실 중식 도시락타임(도시락)을 제공받았습니다.
   제공된 중식(도시락)의 메뉴 구성과 맛에 만족하십니까?
   ① 만족한다(3점)   ② 보통이다(2점)   ③ 만족하지 않는다(1점)

2. 제공된 급식의 양(7,000원)이 충분하다고 생각하십니까?
   ① 충분하다(3점)   ② 보통이다(2점)   ③ 충분하지않다(1점)

3. 2025학년도 방학에도 현재 업체의 도시락을 계속 제공 받기를 원하십니까?
   ① 그렇다(3점)   ② 보통이다(2점)   ③ 그렇지 않다(1점)

3-1. (③인 경우만 답변) "그렇지 않다" 선택한 경우만 이유 기재
   (   )

2025. 2. 10.

OOOOO초등학교장

방학 돌봄 수요 조사서

2025 여름방학 중 돌봄교실 이용 신청 및 하교시간 수요조사

학부모님께!

본교는, 여름방학 기간에 돌봄이 필요한 가정의 자녀를 대상으로 돌봄교실을 운영하고자 수요조사를 합니다. 여름방학 중 돌봄교실 운영 계획을 다음과 같이 안내하며, 신청여부(중식) 및 [하교시간]과 [하교방법]을 아래 안내 내용을 참고하시어, 회신 하여 주시기 바랍니다.

■여름방학 돌봄교실 운영 안내

항목	내용
운영 기간	2025년 7월 29일(화) ~ 8월 21일(목) (총 17일, 공휴일 및 주말 제외)
운영 시간	오전 08:30 ~ 오후 4:30
장소	본교 돌봄교실
지도 교사	돌봄전담사
중식 제공	● 1식 7,000원(수익자부담, 별도 안내장 참고) ● 총 14일 제공 ● 중식업체 여름휴가기간 3일 제외(7.30-8.1) ● 업체휴가기간은 **개인도시락 지참** ▶ 중식 신청 안 하면 반드시 도시락 지참! 환불 규정 필독
중식 신청	개별 신청 필요 (신청여부 중요)
하교 지도	하교 시 보호자 동반 귀가 원칙이나, 자율귀가동의서 등에 따른 하교.
회신 기간	2025년 6월 16일(월) ~ 6월 18일(수) **14:00까지**
회신 방법	이알리미로 회신. ※ 미회신 시, 미참여로 간주됨

2025. 06. 16.

○○○○초등학교장

: 돌봄교실의 내일을 함께 성장

이 책을 펼쳐 읽어 주신 선생님께 감사드립니다.

각자의 상황 속에서도 실무를 더 잘하고자 하는 마음이 있기에

가능한 일이라 생각합니다.

돌봄전담사의 하루는 짧지 않고,

그 속엔 수많은 행정과 아이들이 있습니다.

이 책이 완벽한 해답은 아닐지라도, 업무를 정리하고,

방향을 잡아 가는 데 작은 기준점이 되었기를 바랍니다.

학교마다 상황은 다르지만,

누군가는 기록하고 구조화해야 현장의 전문성이 축적됩니다.

이 책은 그 시작점이 되었으면 합니다.

돌봄교실이 단순한 관리 공간이 아닌,

학교 안에서 인정받고 존중받는 교육의 한 축이 되기를 바랍니다.

오늘도 아이들과 함께 고군분투하시는 선생님들께

존경의 마음을 전합니다.

잘될 쌤 드림

검수 및 추천의 글

현직 교감 윤근호

현직 부장교사 김지연

현직 돌봄전담사 안현주

지역교육청 돌봄담당주무 이다래

현직 늘봄실장 이은효

추천사

드디어 돌봄교실의 업무를 총망라한 업무 지침서가 나왔습니다. 늘봄전담사를 처음 시작하시는 분들, 또는 업무를 제대로 숙지하고 싶은 분들은 반드시 읽어야 할 책입니다. 앞으로 더 늘봄전담사의 업무가 고도화될 텐데 바로 이 책이 큰 역할을 할 거라 기대가 됩니다.

_ 현직 교감 윤근호

초보 돌봄전담사가 현장에 투입되었을 때 바로 활용할 수 있는 정보가 풍부하게 담겨 있어 큰 도움이 될 것으로 기대됩니다. 특히 나이스 시스템에 대한 자세한 설명이 포함되어 있어, 책의 내용을 차근차근 따라가기만 해도 무리 없이 전문가로 성장할 수 있으리라 생각합니다.

_ 현직 부장교사 김지연

꼭 필요한 실무 팁들이 가득한 책! 현직에서도 몰랐던 부분들을 알 수 있어서 돌봄전담사들이 꼭 읽어야 하는 실무서입니다. 각 분야별 상세 버전도 꼭 나오길 바라 봅니다.

_ 현직 초등돌봄전담사 안현주

돌봄전담사는 아이 돌봄과 행정 업무를 동시에 수행하는 만능인(萬能人)입니다. 이 책이 하루하루 물음표가 쌓여 가는 신규 전담사 선생님이 돌봄 만능인으로 성장할 수 있는 발판이 되어 줄 것이라 기대합니다.

_ 경기지역교육청 돌봄담당주무 이다래

선택형 돌봄, 그 길을 밝히는 실용 안내서.

늘봄학교의 중요한 한 축인 선택형 돌봄(돌봄교실)은 아이들의 방과 후 시간을 안전하고 의미 있게 채우는 따뜻한 공간입니다. 이 귀한 역할을 묵묵히 감당해 주시는 초등보육전담사 선생님들께 깊은 감사의 마음을 전하며, 이 책을 자신 있게 추천합니다.

특히 이 책은 딱딱한 이론서가 아닙니다. 오랜 시간 돌봄교실을 운영해 온 저자가 직접 겪고 느낀 이야기들을 바탕으로, 마치 곁에서 차근차근 알려주는 선배의 조언처럼 구성되어 있습니다. 돌봄교실 환경 조성부터 프로그램 기획, 아이들과의 소통, 학부모와의 협력, 업무별 운영 방법까지. 현장에서 마주할 수 있는 다양한 상황에 대한 구체적이고 친절한 안내가 담겨 있습니다. 무엇보다도, 저자의 풍부한 경험에서 우러나온 '잘될 쌤 TIP'은 이 책의 큰 강점입니다. 단순한 이론을 넘어, 실질적인 고민을 해결할 수 있는 실용적인 통찰이 가득합니다. 이는 신입 선생님들에겐 시행착오를 줄이는 데, 경력자 선생님들에겐 운영의 깊이를 더하는 데 큰 도움이 되리라 확신합니다.

돌봄교실의 안정적인 운영은 늘봄학교의 성공과도 직결됩니다. 이 책이 초등보육전담사 선생님들의 전문성을 높이고, 아이들에게 더 행복한 돌봄 환경을 만들어 가는 데 큰 역할을 해 주기를 바랍니다. 아울러 돌봄 운영을 지원하는 늘봄실장님들께도 현장 이해를 높이고 실질직인 지원 방향을 고민하는 데 귀한 도움이 되리라 생각하며, 진심을 담아 추천합니다.

_ 현직 늘봄실장 이은효

잘될 쌤의 초등돌봄 실무 완전 정복

1판 1쇄 발행 2025년 11월 18일
1판 2쇄 발행 2025년 12월 2일

지은이 잘될 쌤

교정 주현강　**편집** 이승빈　**마케팅·지원** 이창민
펴낸곳 (주)하움출판사　**펴낸이** 문현광

이메일 haum1000@naver.com　**홈페이지** haum.kr
블로그 blog.naver.com/haum1000　**인스타** @haum1007

ISBN 979-11-7374-229-3(03370)

좋은 책을 만들겠습니다.
하움출판사는 독자 여러분의 의견에 항상 귀 기울이고 있습니다.
파본은 구입처에서 교환해 드립니다.

이 책은 저작권법에 따라 보호받는 저작물이므로 무단전재와 무단복제를 금지하며,
이 책 내용의 전부 또는 일부를 이용하려면 반드시 저작권자의 서면동의를 받아야 합니다.